湘潭大学教材建设基金出版资助

土木工程
材料试验指导

◎ 主 编

刘湘晖 胡朝晖 许 福

湘潭大学出版社

前　言

土木工程材料试验是检测土木工程材料质量和性能的一种手段，是为设计和使用提供可靠数据及进行科学研究的试验方法。对工程中使用的土木工程材料进行合格检验，既能保证工程质量，又能免于发生浪费。而对新产品或现场配制的材料进行试验，则有利于改进和提高材料性能，开发新产品。

土木工程材料试验也是《土木工程材料》课程教学的重要组成部分和实践性教学环节。通过土木工程材料试验，预期达到三个目的：一是使学生掌握试验设备的使用，熟悉主要建筑材料的技术要求，并具有对常用建筑材料独立进行质量检测的能力；二是使学生对具体材料的性状有进一步的了解，熟悉、验证、巩固与丰富所学理论知识；三是进行科学研究的基本训练，培养学生严谨认真的科学态度，提高分析问题和解决问题的能力。

为了达到上述学习目的，学生应做到：

1. 试验前做好预习，明确试验目的、基本原理及操作要点，并应对试验所用的仪器、设备、材料有基本了解。试验时，应注意三个方面的技术问题：一是抽样技术。各种材料的取样方法，一般在有关国家标准和技术规范中有所规定，试验时必须严格遵守，使试验结果具有充分的代表性和可靠性，以利于取得可靠的试验数据，做出可信的结论。二是测试技术。这包括仪器的选择，试样的制备、测试条件及方法，要注意材料性质，试验数据总是带有一定的条件性，即材料性质试验的测定值与试验时的种种条件有关，很多因素影响着材料性质的测定值，因此，为了取得可以进行比较材料性质的测定值，必须严格按照国家标准所规定的试验条件进行试验。三是试验数据的整理方法。材料的质量指标和试验所得的数据是有条件的、相对的，是与选样、测试和数据处理密切相关的。其中任何一项改变时，试验结果将随之发生或大或小的变化。因此，检验材料质量、划分等级标号时，上述三个方面均须按照国家规定的标准方法或通用的方法进行，否则，就不能根据有关规定对材料质量进行评定，或相互之间进行比较。

2. 在整个试验过程中，要建立严密的科学工作秩序，严格遵守试验操作规程，注意观察试验现象，详细做好试验记录。要注意用电安全，使用玻璃器皿时要小心，要爱护试验设备，试验结束，擦洗干净所用的仪器与设备并摆放整齐。

3. 认真填写试验报告。材料试验过程中，应认真按规定的表格记录试验数据，每次试验完毕，都必须对试验数据加以整理，通过分析得出试验结论。须认真填写试验报告，计算时要注意单位，数据要有分析，问题要有结论。分析中应说明试验数据的精确度，结论要指出试验数据说明了什么问题。

本试验指导书常用试验简介是按照课程教学大纲要求选材，根据现行国家（或行业）标准或其他规范、资料编写的，并不包括土木工程材料试验的全部内容。由于科学技术水平和生产条件不断发展，今后遇到本试验指导书以外的试验时，可查阅有关指导文件，并注意各种土木工程材料标准和试验方法的修订动态，以作相应修订。

本试验指导书适用于土建类专业，每个专业需要做的试验项目按专业教学计划确定。

编者

2016 年 5 月

目 录

试验1　土木工程材料的基本性质试验

要求：掌握材料的实际密度、表观密度、堆积密度的测定原理和方法，并根据所测定的数据计算材料的孔隙率和骨料的空隙率；掌握材料吸水率的试验方法。

1.1　实际密度的测定

1.1.1　试验目的

材料的实际密度是指材料在绝对密实状态下单位体积的质量，主要用来计算材料的孔隙率和密实度。而材料的吸水率、强度、抗冻性及耐蚀性都与孔隙的大小及孔隙特征有关，如砖、石材、水泥等材料，其密度都是一项重要指标。

1.1.2　主要仪器设备

(1) 密度瓶：又名李氏瓶，如图1－1－1所示。

(2) 天平：称量1 kg，感量0.01 g。

(3) 筛子：孔径0.2 mm或900孔/cm^2。

(4) 鼓风干燥箱：能控制温度在105±5 ℃。

(5) 恒温水槽、量筒、干燥器。

(6) 无水煤油、温度计、玻璃漏斗、滴管和小勺等。

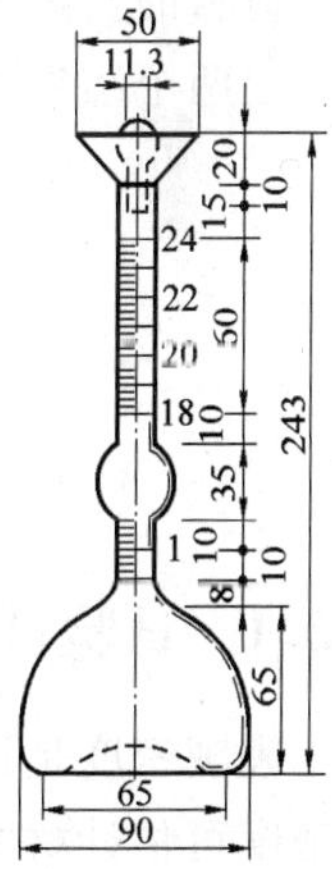

图1-1-1　密度瓶
(单位：mm)

1.1.3　试样准备

将试样研磨后，称取试样约400 g，用筛子筛分，除去筛余物，放在105±5 ℃的鼓风干燥箱中，烘至恒量，再放入干燥器中冷却至室温备用。

1.1.4　试验方法与步骤

(1) 在密度瓶中注入与试样不起反应的液体（如无水煤油）至突颈下部零刻度线处，记下第一次液面刻度数V_1，精确至0.05 cm^3。将密度瓶放在恒温水槽中30 min，在试验过程中保持水温为20 ℃。

(2) 用天平称取 60 ～ 90 g 试样 m_1，精确至 0.01 g。将试样用小勺和玻璃漏斗小心地将试样徐徐送入密度瓶中，不允许有试样粘附在瓶颈内部，且要防止在密度瓶喉部发生堵塞，直到液面上升到 20 mL 刻度左右为止。再称剩余的试样质量 m_2，精确至 0.01 g。

(3) 用瓶内的液体将粘附在瓶颈和瓶壁上的试样洗入瓶内液体中，反复摇动密度瓶使液体中的气泡排出，记下第二次液面刻度 V_2，精确至 0.05 cm^3。根据前后两次液面读数，算出瓶内试样所占的绝对体积 $V=V_2-V_1$。

1.1.5 结果计算与数据处理

试样的密度 ρ 按式（1-1-1）计算（精确至 0.01 g/ cm^3）：

$$\rho=\frac{m_1-m_2}{V_2-V_1}=\frac{m}{V} \tag{1-1-1}$$

式中：ρ —— 试样的实际密度（g/ cm^3）

m_1 —— 备用试样的质量（g）；

m_2 —— 称剩余试样的质量（g）；

m —— 装入瓶中试样的质量（g）；

V_1 —— 第一次液面刻度数（cm^3）；

V_2 —— 第二次液面刻度数（cm^3）；

V —— 装入瓶中试样的绝对体积（cm^3）。

材料的实际密度测试应以两个试样平行进行，以其结果的算术平均值作为最后结果，但两个结果之差不应超过 0.02 g/ cm^3，否则应重新测试。

1.2 表观密度的测定

1.2.1 试验目的

表观密度是计算材料孔隙率、确定材料体积及结构自重的必要数据。通过测得的表观密度可估计材料的某些性质（如导热系数、抗冻性、强度等）。

1.2.2 主要仪器设备

(1) 游标卡尺：分度值为 0.1 mm。

(2) 天平：称量 1 000 g，感量 0.1 g。

(3) 台秤：称量 10 kg，感量 10 g。

(4) 鼓风干燥箱：能控制温度在 105±5 ℃。

(5) 干燥器、300 mm 钢直尺、石蜡等。

1.2.3 试样准备

(1) 几何形状规则材料的试样若干件（如经过切割成型的石材、粘土砖或混凝土试件）：将清洗除去表面泥土杂余物的试样，放在 105±5 ℃的鼓风干燥箱中，烘干至恒量，再放入干燥器中冷却至室温待用。

(2) 几何形状不规则材料的试样（如卵石、碎石等）：对于形状不规则的试样，则需用排液置换法才能求其体积。如被测试样溶于水或其吸水率大于 0.5%，则试样须进行蜡封处理（蜡封法）。

1.2.4 试验方法与步骤

1. 几何形状规则的材料

(1) 用天平或台秤分别称量出两试样的质量 m，精确至 1 g，以下同。

(2) 用钢直尺或游标卡尺分别量出两试样尺寸（试样为正方体或平行六面体时分别测量每边上、中、下 3 个位置，以 3 次所测值的算术平均值为准；试样为圆柱体，按两个垂直方向测量其直径，各方向上、中、下各测量 3 次，每件以 6 次数据的平均值为准确定直径，再在相互垂直的两直径与圆周交界的四点测量其高度，取 4 次测量的平均值为准确定高），并计算出其体积（V_0）。

2. 几何形状不规则的材料

(1) 称出试样在空气中的质量 m，精确至 1 g。

(2) 将试样置于熔融石蜡中 1～2 s 后取出，使试样表面沾上一层蜡膜（膜厚不超过 1 mm）。如蜡膜上有气泡，用烧红的细针将其刺破，然后再用热针蘸蜡封住气泡口，以防水分渗入试样。

(3) 称出蜡封试样在空气中的质量 m_1，精确至 1 g。

(4) 用提篮将试样置于盛有水的容器中（须淹没在液体中且不能沉底）称出蜡封试样在水中的质量 m_2，精确至 1 g。

(5) 测定石蜡的密度 $\rho_{蜡}$（一般为 0.93 g/ cm^3）。

1.2.5 结果计算与数据处理

1. 几何形状规则的材料

对几何形状规则材料的体积密度 ρ_0 按式（1－2－1）计算（精确至 0.01 g/ cm^3）：

$$\rho_0 = \frac{m}{V_0} \tag{1-2-1}$$

式中：ρ_0—— 表观密度（g/ cm^3）；

m —— 试样的质量（g）；

V_0—— 试样的体积（cm^3）。

以两个试样测定值的算术平均值作为试验结果。

2. 几何形状不规则的材料

对几何形状不规则材料的表观密度 ρ_0 按式（1－2－2）计算（精确至 0.01 g/cm³）：

$$\rho_0=\frac{m}{\frac{m_1-m_2}{\rho_{水}}-\frac{m_1-m}{\rho_{蜡}}} \tag{1－2－2}$$

式中：ρ_0—— 表观密度（g/ cm³）；

m —— 试样在空气中的质量（g）；

m_1—— 蜡封试样在空气中的质量（g）；

m_2—— 蜡封试样在水中的质量（g）；

$\rho_{水}$—— 水的密度（g/ cm³）；

$\rho_{蜡}$—— 石蜡的密度（g/ cm³）。

试样结构均匀时，以 3 个试样测定值的算术平均值作为试验结果，各个测定值的差不得大于 0.02 g/cm³；试样结构不均匀时，应以 5 个试样测定值的算术平均值作为试验结果，并注明最大、最小值。

1.3 堆积密度的测定

1.3.1 试验目的

堆积密度是指散粒材料（如水泥、砂、卵石、碎石等）在堆积状态下（包含颗粒内部的孔隙及颗粒之间的空隙）单位体积的质量。它可以用来估算散粒材料的堆积体积及质量，考虑运输工具、估计材料级配情况等。

1.3.2 主要仪器设备

（1）天平：称量 10 kg，感量 1 g。

（2）标准漏斗：如图 1－3－1 所示。

（3）鼓风干燥箱：能控制温度在 105±5 ℃。

（4）干燥器、容积筒（容积为 1 L）。

（5）4.75 mm 方孔筛、钢尺、搪瓷盘、ϕ10 mm 垫棒等。

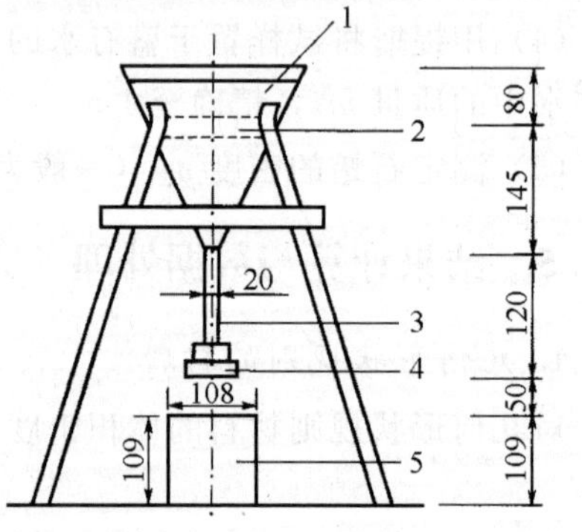

1－漏斗；2－筛子；3－导管；4－活动门；5－容积筒

图 1–3–1 标准漏斗与容积筒 (单位: mm)

1.3.3 试样准备

将约 5 kg 试样（砂子）置于搪瓷盘，放入 105±5 ℃的鼓风干燥箱中，烘至恒量。再放入干燥器中冷却至室温，筛除大于 4.75 mm 的颗粒，分为大致相等的两份备用。

1.3.4　试验方法与步骤

1. 松散堆积密度的测定

称量容积筒的质量 m_1，精确至 1 g。取试样一份置于标准漏斗中，将漏斗下口置于容量筒中心上方 50 mm 处，如图 1－3－1 所示，让试样自由落下徐徐装入容量筒，当容量筒装满上部试样呈锥体，且容量筒四周溢满时，即停止加料。然后用直尺沿筒口中心线向两边刮平（试验过程应防止触动容量筒），称出试样和容量筒总质量 m_2，精确至 1 g。

2. 紧密堆积密度的测定

（1）称量容积筒的质量 m_1，精确至 1 g。取另一份试样，用小铲将试样分两层装入容积筒内。第一层约装 1/2 后，在容积筒底垫放 ϕ10 mm 垫棒一根，在垫有橡胶板的台面上左右交替颠击各 25 下，再装第二层，把垫着的钢筋转 90°同法颠击。加料至试样超出瓶口，用钢尺沿瓶口中心线向两个相反方向刮平，称其总质量 m_2，精确至 1 g。

（2）称量玻璃板与容器的总质量 m'_1，以 20±2 ℃的饮用水装容积筒，用玻璃板沿瓶口滑移，使其紧贴筒口。擦干容器外壁上的水分，称其质量 m'_2。

$$V'_0=\frac{m'_2-m'_1}{\rho_{水}} \tag{1-3-1}$$

式中：V'_0—— 容积筒的容积（L）；

m'_1—— 容积筒与玻璃板的质量（kg）；

m'_2—— 容积筒与玻璃板及水的总质量（kg）；

$\rho_{水}$—— 水的密度（kg/L）。

1.3.5　结果计算与数据处理

堆积密度 ρ'_0 按式（1－3－2）计算（精确至 10 kg/m³）：

$$\rho'_0=\frac{m_2-m_1}{V'_0} \tag{1-3-2}$$

式中：ρ'_0—— 试样的堆积密度（kg/m³）；

m_1—— 容积筒的质量（kg）；

m_2—— 容积筒和试样的总质量（kg）；

V'_0—— 容积筒的容积（m³）。

分别以两次试验结果的算术平均值作为堆积密度测定的结果。

1.4　吸水率试验

材料吸水饱和时的吸水量与材料干燥时的质量或体积之比，称为吸水率。

1.4.1　试验目的

材料的吸水率通常小于孔隙率，因为水不能进入封闭的孔隙中。材料吸水率的大小对其堆积密度、强度、抗冻性的影响很大。

1.4.2 主要仪器设备

(1) 天平：称量1 000 g，感量0.01 g。

(2) 台秤：称量10 kg，感量10 g。

(3) 鼓风干燥箱：能控制温度在105±5 ℃。

(4) 游标卡尺、水槽等。

1.4.3 试样准备

将试样通过切割修整，放在105±5 ℃的鼓风干燥箱中，烘至恒量；再放入干燥器中冷却至室温备用。

1.4.4 试验方法与步骤

(1) 称取试样质量 m，精确至0.01 g。

(2) 将试样放入水槽中，试样之间应留1～2 cm的间隔，试样底部应用玻璃棒垫起，避免与槽底直接接触。

(3) 将水注入水槽中，使水面至试样高度的1/3处，24 h后加水至试样高度的2/3,再隔24 h加入水至高出试样1～2 cm，经24 h后取出试样，这样逐次加水能使试样孔隙中的空气逐渐逸出。

(4) 取出试样后，用拧干的湿毛巾轻轻抹去试样表面的水分（不得来回擦拭），称其质量，称量后仍放回槽中浸水。

(5) 以后每隔1昼夜用同样方法称取试样质量，直至试样浸水至恒量为止（1 d质量相差不超过0.05 g时），此时称得的试样质量为 m_1。

1.4.5 结果计算与数据处理

吸水率 W 按式（1－4－1）计算（精确至0.1%）：

$$W=\frac{m_1-m}{m} \tag{1-4-1}$$

式中：W ——试样的吸水率（%）；

m ——试样的干质量（g）；

m_1——试样浸水至恒量质量（g）。

吸水率测定用3个试样平行进行，取3个试样的吸水率计算平均值作为最后结果。

试验 2　水泥试验

要求：掌握水泥细度的测定方法，掌握如负压筛、水筛等试验设备的使用方法。掌握水泥标准稠度用水量的两种测定方法，并能较准确地测定。了解水泥凝结时间的概念及国标对凝结时间的规定，并能较准确地测定出水泥的凝结时间。了解造成水泥安定性不良的因素，掌握如何进行试验。掌握水泥胶砂强度试样的制作方法，了解标准养护的概念，掌握水泥抗折强度测定仪、压力机等设备的操作和使用方法。

2.1　水泥取样方法

2.1.1　取样工具

取样工具分手工取样器和自动取样器两种，可自行设计制作。手工取样器主要适用于散装水泥和袋装水泥的取样；自动取样器主要适用于水泥成品及原料的自动连续取样，也适用于其他粉状物料的自动连续取样。

2.1.2　取样部位

不应在污染严重的环境中取样，取样应在有代表性的部位进行，一般在以下部位取样：

（1）水泥输送管路中；

（2）袋装水泥堆场；

（3）散装水泥卸料处或水泥运输机具上。

2.1.3　取样步骤

1. 手工取样

散装水泥：当所取水泥深度不超过 2 m 时，每一个编号内采用散装水泥取样器随机取样。通过转动取样器内控制开关，在适当位置插入水泥一定深度，关闭后小心抽出，将所取样品放入密闭的容器中。每次抽取的单样量应尽量一致。

袋装水泥：每一个编号内随机抽取不少于 20 袋水泥，采用袋装水泥取样器取样，将取样器沿对角线方向插入水泥包装袋中，用大拇指按住气孔，小心抽出取样管，将所取样品放入密闭的容器中。每次抽取的单样量应尽量一致。

2. 自动取样

采用自动取样器取样。该装置一般安装在尽量接近于水泥包装机或散装容器的管路中，从流动的水泥流中取出样品，将所取样品放入密闭的容器中。

2.1.4 取样量

混合样的取样量应符合相关水泥标准要求。分割样的取样量应符合下列规定：

（1）袋装水泥：每 1/10 编号从一袋中取至少 6 kg；

（2）散装水泥：每 1/10 编号在 5 min 内取至少 6 kg。

2.1.5 样品制备与试验

1. 混合样

从一个编号内不同部位取得的全部单样，经充分混匀后得到的样品称为混合样。每一编号所取水泥单样通过 0.9 mm 方孔筛后充分混匀，一次或多次将样品缩分到相关标准要求的定量，均分为试验样和封存样。试验样按相关标准要求进行试验，封存样按要求贮存以备仲裁。样品不得混入杂物和结块。

2. 分割样

在一个编号内按每 1/10 编号取得的单样，用于匀质性试验的样品为分割样。每一编号所取 10 个分割样应分别通过 0.9 mm 方孔筛，不得混杂，并按要求进行 28 d 抗压强度匀质性试验。样品不得混入杂物和结块。

2.1.6 包装与贮存

（1）样品取得后应贮存在密闭的容器中，封存样要加封条。容器应洁净、干燥、防潮、密闭和不易破损，并且不影响水泥性能。

（2）存放封存样的容器应至少在一处加盖清晰、不易擦掉的标有编号、取样时间、取样地点和取样人的密封印，如只有一处标志，应在容器外壁上。

（3）封存样应密封贮存，贮存期应符合相应水泥标准的规定。试验样与分割样也应妥善贮存。

（4）封存样应贮存于干燥、通风的环境中。

2.1.7 取样单

样品取得后，由负责取样人员填写取样单，取样单应至少包括以下内容：水泥编号、水泥品种、强度等级、取样日期、取样地点、取样人。

2.1.8 28 d 抗压强度匀质性试验

1. 试验目的

评定单一编号水泥 28 d 抗压强度匀质性。

2. 试验要求

(1) 分割样试验每季度进行一次，可任选一个品种、强度等级。分割样取得后应立即进行试验，全部样品必须在一周内试验完毕。

(2) 单一编号水泥 28 d 抗压强度变异系数大于 3.0%时，应将试验频次增加为每季度进行两次；如变异系数仍大于 3.0%时，则试验频次增加为每月进行一次。

(3) 增加试验频次直至单一编号水泥 28 d 抗压强度变异系数不大于 3.0%时，方可恢复为每季度一次。

(4) 增加试验频次时，一般应用同品种、同强度等级的水泥。

3. 变异系数的计算

(1) 分割样强度平均值 $\overline{X}$ 按式(2－1－1)计算(精确至 0.1 MPa)：

$$\overline{X} = \frac{1}{10}\sum_{i=1}^{10} X_i \tag{2-1-1}$$

式中：$\overline{X}$ —— 分割样强度平均值(MPa)；

X_i —— 分割样抗压强度值(MPa)。

(2) 分割样标准偏差 S 按式(2－1－2)计算(精确至 0.1 MPa)：

$$S = \sqrt{\frac{\sum_{i=1}^{10}(X_i - \overline{X})}{10-1}} \tag{2-1-2}$$

式中：S —— 分割样标准偏差(MPa)。

(3) 分割样变异系数 C_v 按式(2－1－3)计算(精确至 0.1)：

$$C_v = \frac{S}{\overline{X}} \times 100 \tag{2-1-3}$$

式中：C_v —— 分割样变异系数。

2.2 水泥细度检验方法

2.2.1 试验目的

检验水泥颗粒的粗细程度。由于水泥的许多性质（凝结时间、收缩性、强度等）都与水泥的细度有关，它是作为评定水泥质量的依据之一，因此，必须进行细度测定。

本方法采用 45 μm 方孔筛和 80 μm 方孔筛对水泥试样进行筛析试验，用筛上筛余物的质量百分数来表示水泥样品的细度。水泥细度检验分为负压筛析法、水筛法和手工筛析法 3 种。

为保持筛孔的标准度，应用已知筛余的标准样品来标定。

2.2.2 负压筛析法

用负压筛析仪，通过负压源产生的恒定气流，在规定筛析时间内使试验筛内的水泥达到筛分。

1. 主要仪器设备

(1) 负压筛析仪：负压筛析仪由筛座、负压筛、负压源及收尘器组成。其中，筛座由转速为 30±2 rad/min 的喷气嘴、负压表、控制板、微电机及壳体等构成，筛析仪负压可调范围为 4 000～6 000 Pa，如图 2－2－1、2－2－2 所示。

(2) 天平：最小分度值不大于 0.01 g。

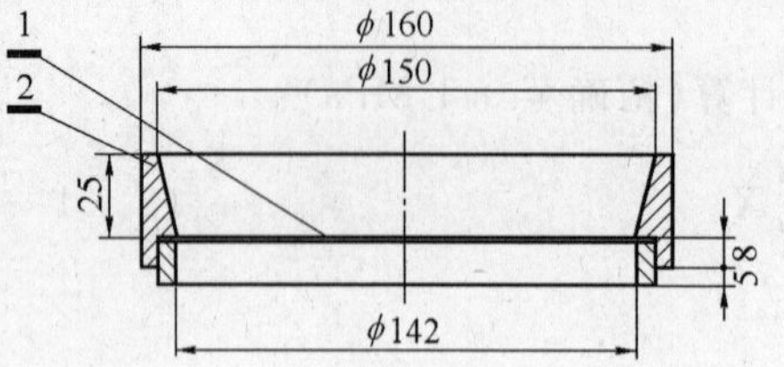

1-筛网；2-筛框

图 2-2-1　负压筛(单位:mm)

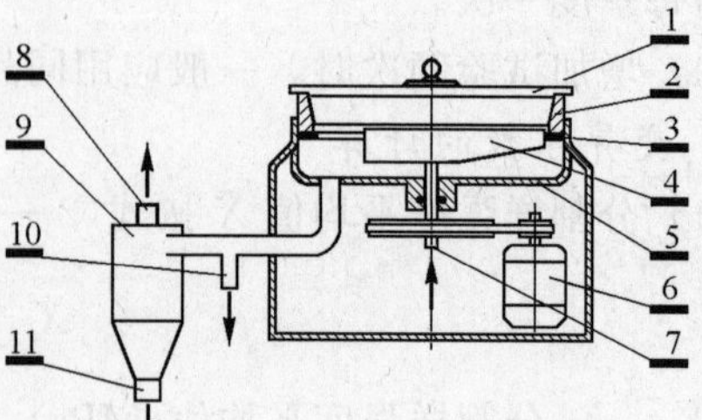

1-筛盖；2-方孔筛；3-垫圈；4-喷气嘴；5-壳体；6-微电机；7-空气进口；8-抽气口；9-收尘器；10-风门；11-细水泥出口

图 2-2-2　负压筛析仪示意图

2. 检验方法

(1) 试验前所用试验筛应保持清洁、干燥。把负压筛放在筛座上，盖上筛盖，接通电源，检查控制系统，调节负压至 4 000～6 000 Pa 范围内。

(2) 试验时，80 μm 筛析试验称取试样 25 g，45 μm 筛析试验称取试样 10 g（精确至 0.01 g），置于洁净的负压筛中，放在筛座上，盖上筛盖，开动筛析仪连续筛析 2 min，在此期间如有试样附着在筛盖上，可轻轻地敲击筛盖使试样落下。筛毕，用天平称量筛余物，精确至 0.01 g。

(3) 当工作负压小于 4 000 Pa 时，应清理吸尘器内水泥，使负压恢复正常。

2.2.3　水筛法

将试验筛放在水筛座上，用规定压力的水流，在规定时间内使试验筛内的水泥达到筛分。

1. 主要仪器设备

(1) 标准筛：筛布为方孔铜丝网筛布，方孔边长 0.08 mm，筛框有效直径125 mm，高 80 mm，如图 2－2－3、2－2－4 所示。

(2) 筛支座：能带动筛子转动，转速为 50 rad/min。

(3) 喷头：直径 55 mm，面上均匀分布 90 个孔，孔径 0.5 ～ 0.7 mm。

2. 检验方法

(1) 筛析试验前，应检查水中无泥、砂，调整好水压及水筛架的位置，使其能正常运转，并控制喷头使底面和筛网之间距离为 35～75 mm。

(2) 试验时，80 μm 筛析试验称取试样 25 g，45 μm 筛析试验称取试样 10 g（精确至 0.01 g），置于洁净的水筛中，立即用淡水冲洗至大部分细粉通过后，放在水筛架上，用水压为 0.05±0.02 MPa 的喷头连续冲洗 3 min。筛毕，用少量水把筛余物冲至蒸发皿中，等水泥颗粒全部沉淀后，小心倒出清水，烘干并用天平称量筛余物，精确至 0.01 g。

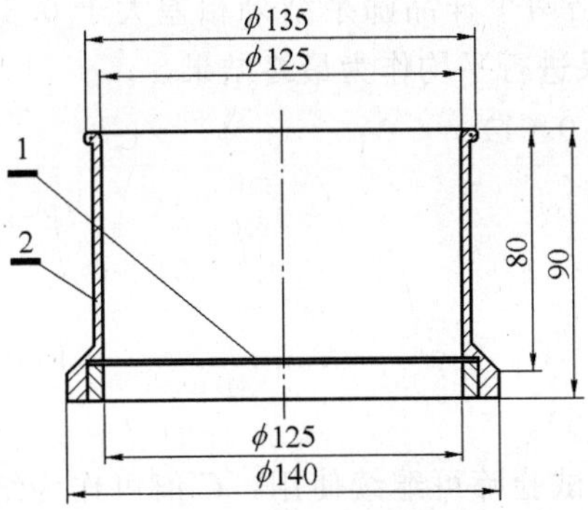

1—筛网；2—筛框

图 2-2-3　水筛（单位:mm）

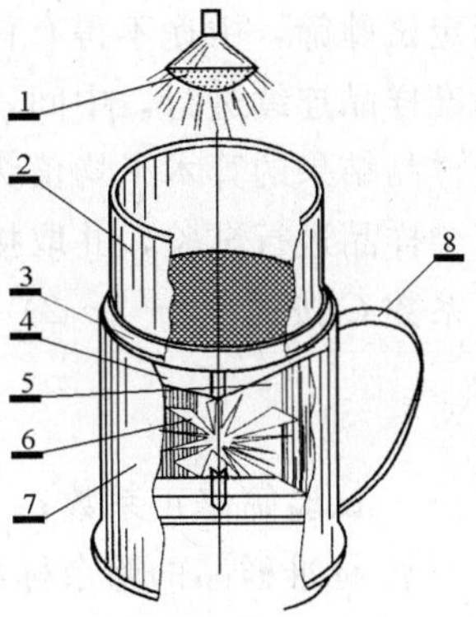

1—喷头；2—标准筛；3—旋转托架；4—集水斗；5—出水口；6—叶轮；7—外筒；8—把手

图 2-2-4　水筛法装置系统

2.2.4　手工筛析法

(1) 将试验筛放在接料盘（底盘）上，用手工按照规定的拍打速度和转动角度，对水泥进行筛析试验。

(2) 试验时，80 μm 筛析试验称取试样 25 g，45 μm 筛析试验称取试样 10 g，精确至 0.01 g，倒入手工筛内。

(3) 用一只手持筛往复摇动，另一只手轻轻拍打，往复摇动和拍打过程应保持近于水平。拍打速度每分钟约 120 次，每 40 次向同一方向转动 60°，使试样均匀分布在筛网上，直至每分钟通过的试样量不超过 0.03 g 为止。称量全部筛余物，精确至 0.01 g。

2.2.5　结果计算及数据处理

1. 计算

水泥试样筛余百分数 F 按式（2—2—1）计算（精确至 0.1%）：

$$F=\frac{R_t}{W}\times 100 \qquad (2-2-1)$$

式中：F ——水泥试样的筛余百分数（%）；

R_t——水泥筛余物的质量（g）；

W —— 水泥试样的质量（g）。

负压筛析法、水筛法和手工筛析法测定的结果不一致时，以负压筛析法为准。

2. 筛余结果的修正

试验筛的筛网会在试验中磨损，因此，应对筛析结果进行修正。将计算结果乘以该试验筛的有效修正系数，即为最终结果。

被标定试验筛应事先经过清洗、去污和干燥（水筛除外），并和标定试验室温度一致。

将标准样装入干燥洁净的密闭广口瓶中，盖上盖子摇动 2 min，消除结块。静置 2 min后，用一根干燥洁净的搅拌棒搅匀样品。称量标准样品精确至 0.01 g，将标准样品倒进被标定试验筛，中途不得有任何损失。进行筛析试验操作，每个试验筛的标定应称取两个标准样品连续进行，中间不得插做其他样品试验。

两个样品结果的算术平均值为最终值，但当两个样品筛余结果相差大于 0.3%时，应称第三个样品进行试验，并取接近的两个结果进行平均作为最终结果。

修正系数 C 按式（2－2－2）计算（精确至 0.01）：

$$C=\frac{F_s}{F_t} \qquad (2-2-2)$$

式中：C —— 试验筛修正系数；

F_s —— 标准样品的筛余标准值（%）；

F_t —— 标准样品在试验筛上的筛余值（%）。

当修正系数 C 值在 0.80～1.20 范围内时，试验筛可继续使用，C 值可作为结果修正系数；当 C 值超出 0.80～1.20 范围时，试验筛应予淘汰。

3. 试验筛的清洗

试验筛必须经常保持洁净，筛孔通畅，使用 10 次后要进行清洗。金属框筛、铜丝网筛清洗时，应用专门的清洗剂，不可用弱酸浸泡。

2.2.6 结果判别

矿渣硅酸盐水泥、火山灰质硅酸盐水泥、粉煤灰硅酸盐水泥和复合硅酸盐水泥的细度以筛余表示，其 80 μm 方孔筛筛余不大于 10%或 45 μm 方孔筛筛余不大于 30%。

2.3 水泥标准稠度用水量测定方法（标准法）

2.3.1 试验目的

水泥的凝结时间和安定性都与用水量有关，为了消除试验条件的差异且有利于比较，水泥净浆必须有一个标准的稠度。本试验的目的就是测定水泥净浆达到标准稠度时的用水量，以便为进行凝结时间和安定性试验做好准备。

2.3.2 主要仪器设备

（1）标准法维卡仪：水泥标准稠度和凝结时间用维卡仪及配件如图 2－3－1 所示。标准稠度试杆由有效长度为 50±1 mm、直径为 ϕ10±0.05 mm 的圆柱形耐腐蚀金属制成。初凝用试针由钢制成，初凝针有效长度为 50±1 mm，终凝针为 30±1 mm，直径为 ϕ1.13±0.05 mm。滑动部分的总质量为 300±1 g。与试杆、试针联结的滑动杆表面应光滑，能靠重力自由下落，不得有紧涩和旷动现象。盛装水泥净浆的试模由耐腐蚀的、有足够硬度的金属制成。试模为深 40±0.2 mm、顶内径 ϕ65±0.5 mm、底内径 ϕ75±0.5 mm 的截顶圆锥体。每个试模应配备一个边长或直径约 100 mm、厚度为 4～5 mm的玻璃底板或金属底板。

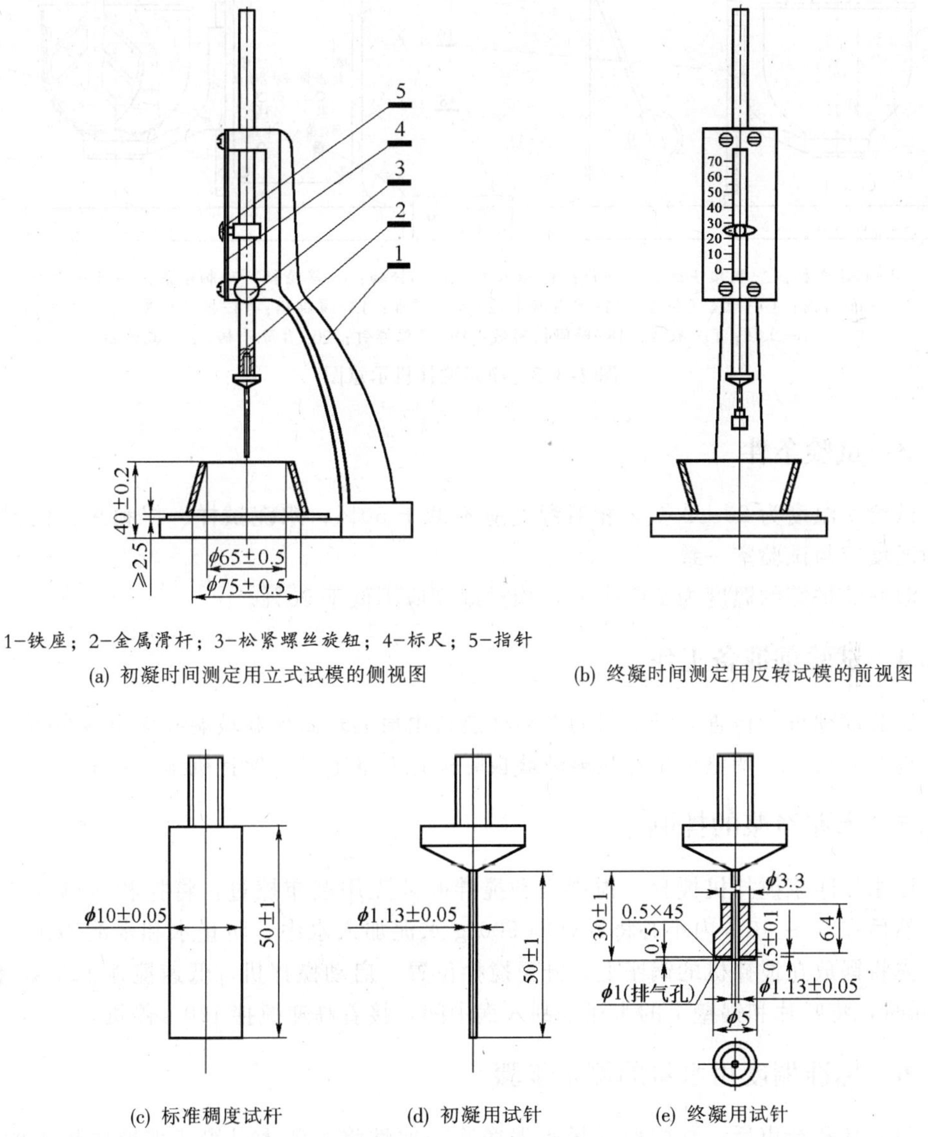

图 2-3-1 测定水泥标准稠度和凝结时间用的维卡仪（单位:mm）

（2）净浆搅拌机：应符合 JC/T729 的要求，如图 2－3－2 所示。

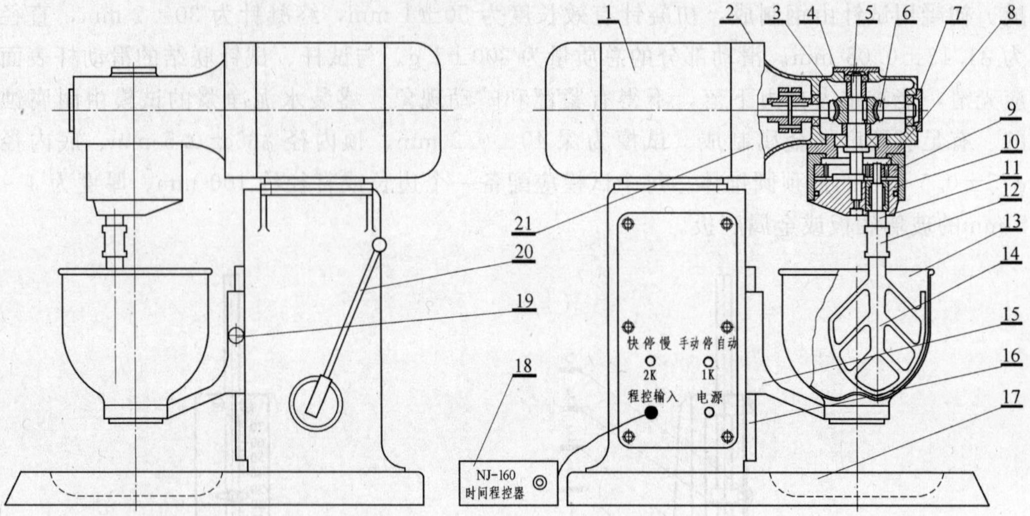

1-双速电机；2-联接法兰；3-涡轮；4-轴承盖；5-蜗杆轴；6-涡轮轴；7-轴承盖；8-行星齿轮；9-内齿圈；10-行星定位套；11-叶片轴；12-调节螺母；13-搅拌锅；14-搅拌叶片；15-滑板；16-立柱；17-底座；18-时间控制器；19-定位螺钉；20-升降手柄；21-减速器

图 2-3-2　净浆搅拌机示意图

2.3.3　试验条件

试验室温度为 20±2 ℃，相对湿度应不低于 50%；水泥试样、拌和水、仪器和用具的温度应与试验室一致。

湿气养护箱的温度为 20±1 ℃，相对湿度应不低于 90%。

2.3.4　试验前准备工作

试验前须进行检查。维卡仪的滑动杆能自由滑动；试模和玻璃底板用湿布擦拭，将试模放在底板上，调整至试杆接触玻璃板时指针对准零点；搅拌机运行正常。

2.3.5　水泥净浆的拌制

用水泥净浆搅拌机搅拌，搅拌锅和搅拌叶片先用湿布擦过，将拌和水倒入搅拌锅内，然后在 5 ～ 10 s 内小心将称好的 500 g 水泥加入水中，防止水和水泥溅出；拌和时，先将锅放在搅拌机的锅座上，升至搅拌位置，启动搅拌机，低速搅拌 120 s，停 15 s，同时，将叶片和锅壁上的水泥浆刮入锅中间，接着高速搅拌 120 s 停机。

2.3.6　标准稠度用水量的测定步骤

（1）拌和结束后，立即取适量水泥净浆一次性将其装入已置于玻璃底板上的试模中，浆体超过试模上端，用宽约 25 mm 的直边刀轻轻拍打超出试模部分的浆体 5 次以排除浆体中的空隙。

（2）在试模上表面约 1/3 处，略倾斜于试模分别向外轻轻锯掉多余净浆，再从试模边沿轻抹顶部一次，使净浆表面光滑，在锯掉多余净浆和抹平的操作过程中，注意不要压实净浆。

(3) 抹平后，迅速将试模和底板移到维卡仪上，并将其中心定在试杆上，降低试杆直至与水泥净浆表面接触，拧紧螺线 1～2 s 后，突然放松，使试杆自由垂直地沉入水泥净浆中。

(4) 在试杆停止沉入或释放试杆 30 s 时，记录试杆距底板之间的距离。升起试杆后，立即擦净，整个操作应在搅拌后 1.5 min 内完成。

(5) 以试杆沉入净浆并距底板 6±1 mm 的水泥净浆为标准稠度净浆，其拌和水量为该水泥的标准稠度用水量（P），按水泥质量的百分比计。

2.4　水泥标准稠度用水量测定方法（代用法）

2.4.1　试验前准备工作

代用法中维卡仪的试锥、锥模如图 2－4－1 所示，滑动杆能自由滑动。调整至试杆接触玻璃板时指针对准零点，搅拌机运行正常。水泥净浆的拌制同 2.3.5 节中的介绍。

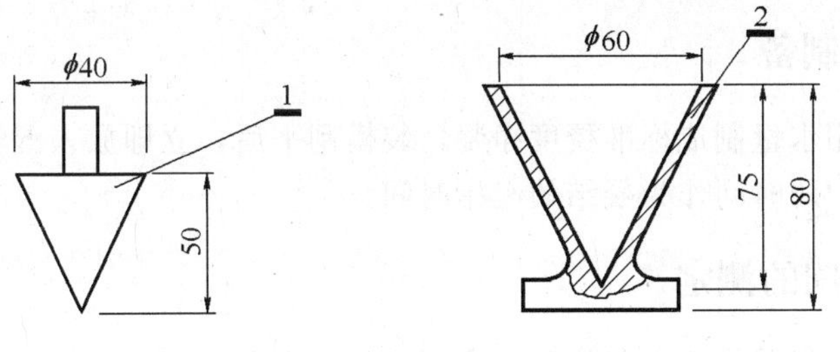

1－试锥；2－锥模

图 2-4-1　试锥和锥模（单位：mm）

2.4.2　标准稠度的测定

(1) 采用代用法测定水泥标准稠度用水量可用调整水量和不变水量两种方法测定。采用调整水量方法时拌和水量按经验找水，采用不变水量方法时拌和水量用 142.5 mL。

(2) 拌和结束后，立即将拌制好的水泥净浆装入锥模中，用宽约 25 mm 的直边刀在浆体表面轻轻插捣 5 次，再轻振 5 次，刮去多余的净浆；抹平后迅速放到试锥下面固定的位置上，将试锥降至净浆表面，拧紧螺线 1～2 s 后，突然放松，让试锥自由垂直地沉入水泥净浆中。在试锥停止下沉或释放试锥 30 s 时，记录试锥下沉深度。整个操作应在搅拌后 1.5 min 内完成。

(3) 用调整水量方法测定时，以试锥下沉深度 30±1 mm 时的净浆为标准稠度净浆。其拌和水量为该水泥的标准稠度用水量（P），按水泥质量的百分比计。如下沉深度超出范围需另称试样，调整水量，重新试验，直至达到 30±1 mm 时为止。

（4）用不变水量方法测定时，根据测得的试锥下沉深度 S（mm）按式（2－4－1）（或仪器上对应标尺）计算得到标准稠度用水量 P（%）为

$$P=33.4-0.185S \tag{2-4-1}$$

（5）当试锥下沉深度小于 13 mm 时，应改用调整水量方法测定。

2.5 水泥凝结时间测定方法

2.5.1 试验目的

测定水泥加水后至开始凝结（初凝）以及凝结终了（终凝）所用的时间，用以评定水泥性质。

注意：试针沉入水泥标准稠度净浆至一定深度所需的时间为水泥凝结时间。

2.5.2 试验前准备工作

调整凝结时间测定仪的试针接触玻璃板时，指针对准零点。

2.5.3 试件的制备

以标准稠度用水量制成标准稠度净浆，装模刮平后，立即放入湿气养护箱中。记录水泥全部加入水中的时间作为凝结的起始时间。

2.5.4 初凝时间的测定

（1）试件在湿气养护箱中养护至加水后 30 min 时进行第一次测定。测定时，从湿气养护箱中取出试模放到试针下，降低试针，与泥净浆表面接触。

（2）拧紧螺丝 1～2 s 后，突然放松，试针自由垂直地沉入水泥净浆中。观察试针停止下沉或释放试针 30 s 时指针的读数。

（3）临近初凝时间时，每隔 5 min（或更短时间）测定一次，当试针沉至距底板 4±1 mm时，为水泥达到初凝状态。由水泥全部加入水中至初凝状态的时间为水泥的初凝时间，用 min 表示。

2.5.5 终凝时间的测定

（1）为了准确观测试针沉入水泥净浆的状况，在终凝针上安装了一个环形附件。

（2）在完成初凝时间测定后，立即将试模连同浆体以平移的方式从玻璃板取下，翻转 180°，直径大端向上、小端向下放在玻璃板上，再放入湿气养护箱中继续养护。

（3）临近终凝时间时，每隔 15 min（或更短时间）测定一次，当试针沉入试体 0.5 mm时，即环形附件开始不能在试体上留下痕迹时，为水泥达到终凝状态。由水泥全部加入水中至终凝状态的时间为水泥的终凝时间，用 min 表示。

2.5.6　测定注意事项

(1) 在最初测定的操作时应轻轻扶持金属柱，使其徐徐下降，以防试针撞弯，但结果以自由下落为准。在整个测定过程中试针沉入的位置至少要距试模内壁 10 mm。

(2) 临近初凝时，每隔 5 min（或更短时间）测定一次。临近终凝时每隔 15 min（或更短时间）测定一次，到达初凝或终凝时应立即重复测一次，当两次结论相同时才能定为到达初凝。到达终凝时，需要在试体的另外两个不同点测试，确认结论相同时才能确定到达终凝状态。

(3) 每次测定不能让试针落入原针孔，每次测试完毕须将试针擦净并将试模放回湿气养护箱内，整个测试过程要防止试模受振。

2.5.7　结果判别

硅酸盐水泥初凝时间不小于 45 min，终凝时间不大于 390 min。

普通硅酸盐水泥、矿渣硅酸盐水泥、火山灰质硅酸盐水泥、粉煤灰硅酸盐水泥和复合硅酸盐水泥初凝时间不小于 45 min，终凝时间不大于 600 min。

2.6　水泥安定性测定方法（标准法）

2.6.1　试验目的

当用含有游离 CaO、MgO 或 SO_3 较多的水泥拌制混凝土时，会使混凝土出现龟裂、翘曲、甚至崩溃等现象，造成建筑物漏水，加速腐蚀等危害。所以，必须检验水泥加水拌和后在硬化过程中体积变化是否均匀，是否因体积变化而引起膨胀、裂缝或翘曲。

通过测定水泥标准稠度净浆在雷氏夹中沸煮后试针的相对位移来表征其体积膨胀的程度。

2.6.2　主要仪器设备

(1) 沸煮箱：能在 30±5 min 内将箱内的试验用水由室温升至沸腾，并可保持沸腾状态 3 h 以上，整个试验过程中不需补充水量。

(2) 雷氏夹：由铜质材料制成，其结构如图 2－6－1 所示。当一根指针的根部先悬挂在一根金属丝或尼龙丝上，另一根指针的根部再挂上 300 g 质量的砝码时，两根指针的针尖距离增加应在 17.5±2.5 mm 范围内，当去掉砝码后针尖的距离能恢复至挂砝码前的状态，如图 2－6－2 所示。

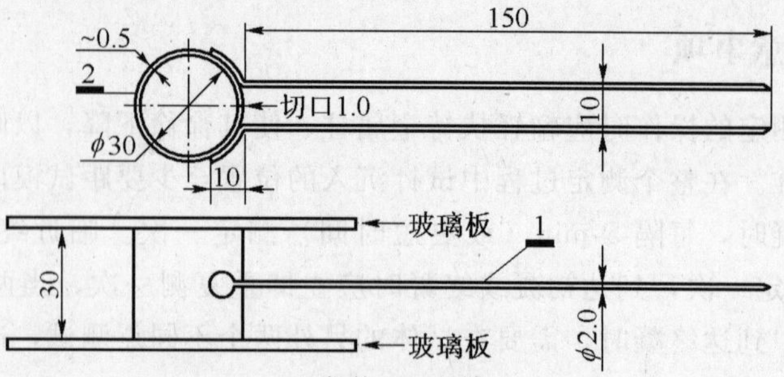

1-指针；2-环模

图 2-6-1　雷氏夹（单位：mm）

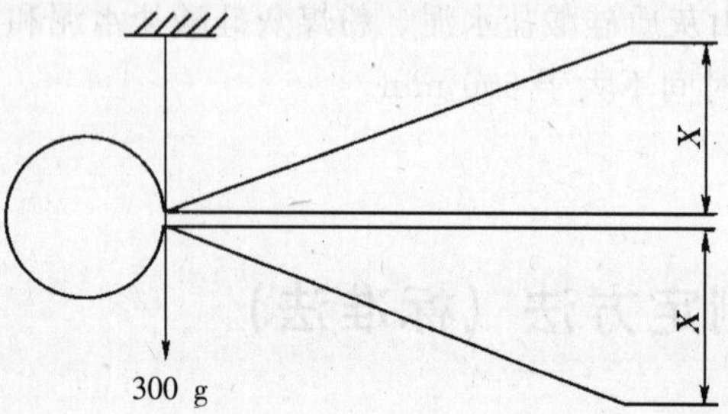

图 2-6-2　雷氏夹受力示意图

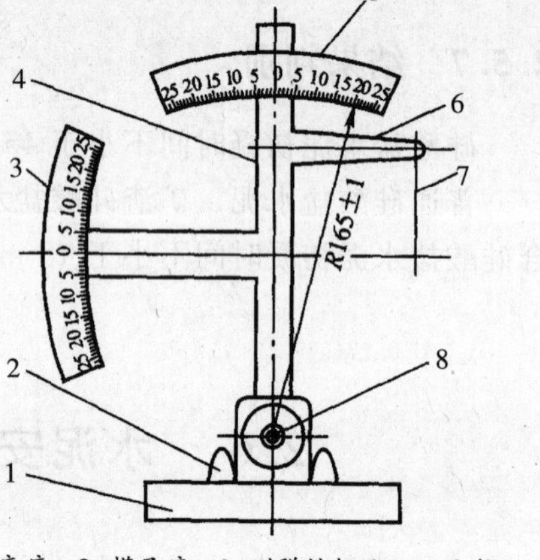

1-底座；2-模子座；3-测弹性标尺；4-立柱；
5-测膨胀标尺；6-悬臂；7-悬丝；8-弹簧顶扭

图 2-6-3　雷氏夹膨胀测定仪

（3）雷氏夹膨胀值测定仪：如图 2－6－3 所示，标尺最小刻度为 1 mm。

（4）净浆搅拌机：与标准稠度测定时所用的相同。

2.6.3　试验前准备工作

每个试样需成型两个试件，每个雷氏夹需配备两个边长或直径约 80 mm、厚度 4～5 mm 的玻璃板，凡与水泥净浆接触的玻璃板和雷氏夹内都要稍稍涂上一层油（注：有些油会影响凝结时间，矿物油比较合适）。

2.6.4　雷氏夹试件的成型

将预先准备好的雷氏夹放在已稍擦油的玻璃板上，并立刻将已制好的标准稠度净浆一次装满雷氏夹，装浆时一只手轻轻扶持雷氏夹，另一只手用宽约 25 mm 的直边刀在浆体表面轻轻插捣 3 次，然后抹平，盖上稍涂油的玻璃板，接着立刻将试模移至湿气养护箱内养护 24±2 h。

2.6.5　沸煮

调整好煮沸箱内水位，保证水位在整个过程中都能超过试件，不需中途添补试验用水，同时又能保证在 30±5 min 内开始沸腾。

脱去玻璃板取下试件，先测量雷氏夹指针尖端间的距离（A），精确至 0.5 mm，接着将试件放入沸煮箱的试件架上，指针朝上，然后，在 30±5 min 内加热至沸腾并恒沸 180±5 min。

2.6.6 结果判别

（1）沸煮结束后，立即放掉箱中的热水，打开箱盖，待箱体冷却至室温，取出试件进行判别。

（2）测定雷氏夹指针尖端的距离（C），精确至 0.5 mm，当两个试件煮后指针尖端增加的距离（$C-A$）的平均值不大于 5.0 mm 时，即认为该水泥安定性合格。

（3）当两个试件煮后增加距离（$C-A$）的平均值差大于 5.0 mm 时，应用同一样品立即重做一次试验，以复检结果为准。

2.7 水泥安定性测定方法（代用法）

2.7.1 试验目的

通过观测水泥标准稠度净浆试饼煮沸后的外形变化情况来表征其体积安定性。

2.7.2 试验前准备工作

每个样品需准备两块边长约 100 mm 的玻璃板，凡与水泥净浆接触的玻璃板都要稍稍涂上一层油。

2.7.3 试饼的成型方法

将制好的标准稠度净浆取出一部分分成两等份，使之成球形，放在预先准备好的玻璃板上，轻轻振动玻璃板并用湿布擦过的小刀由边缘向中央抹，做成直径 70～80 mm、中心厚约 10 mm、边缘渐薄、表面光滑的试饼，接着将试饼放入湿气养护箱内养护 24±2 h。

2.7.4 沸煮

（1）调整好煮沸箱内水位，保证水位在整个过程中都能超过试件，不需中途添补试验用水，同时又能保证在 30±5 min 内开始沸腾。

（2）脱去玻璃板取下试饼，在试饼无缺陷的情况下，将试饼放在沸煮箱水中的篦板上，在 30±5 min 内加热至沸腾并恒沸 180±5 min。

2.7.5 结果判别

沸煮结束后，立即放掉沸煮箱中的热水，打开箱盖，待箱体冷却至室温，取出试饼进行判别。目测试饼未发现裂缝，用钢直尺检查也没有弯曲（使钢直尺和试饼底部紧靠，以两者间不透光为不弯曲）的试饼为安定性合格，反之为不合格，如图 2—7—1 所示。当两个试饼判别结果有矛盾时，该水泥的安定性为不合格。

图 2-7-1　安定性不合格的试饼

2.8　水泥胶砂强度检验（ISO 法）

2.8.1　试验目的

检验水泥各龄期强度，以确定强度等级；或已知强度等级，检验强度是否满足原强度等级规定中各龄期强度数值。

2.8.2　主要仪器设备

(1) 胶砂搅拌机：应符合 JC/T681 的要求，如图 2—8—1 所示，用多台搅拌机工作时，搅拌机和搅拌叶片应保持配对使用。

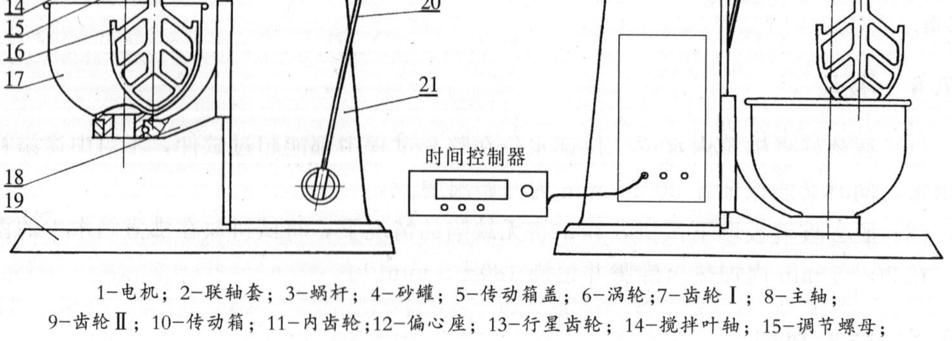

1-电机；2-联轴套；3-蜗杆；4-砂罐；5-传动箱盖；6-涡轮；7-齿轮Ⅰ；8-主轴；
9-齿轮Ⅱ；10-传动箱；11-内齿轮；12-偏心座；13-行星齿轮；14-搅拌叶轴；15-调节螺母；
16-搅拌叶；17-搅拌锅；18-支座；19-底座；20-手柄；21-立柱

图 2-8-1　胶砂搅拌机结构示意图

(2) 胶砂振实台：应符合 JC/T682 的要求，如图 2－8－2 所示，台面面积约为 360 mm×360 mm，台面装有卡具。

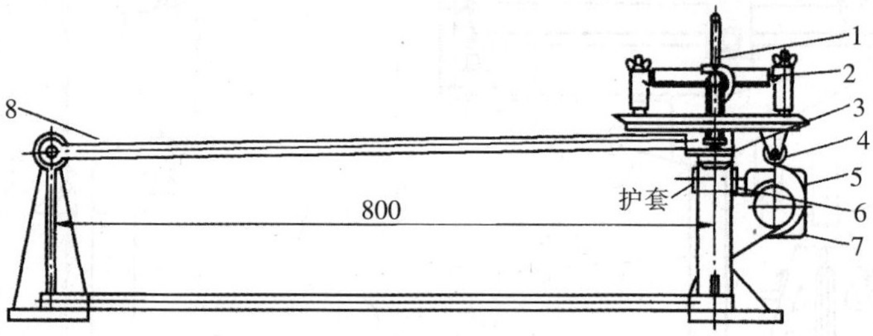

1-卡具；2-模套；3-突头；4-随动轮；5-凸轮；6-制动器；7-同步电机；8-臂杆

图 2-8-2 胶砂振动台（单位：mm）

(3) 下料漏斗：用厚度小于 0.5 mm 的白铁皮制作，下料口宽度一般为 4～5 mm。

(4) 试模：其材料和制造尺寸应符合 JC/T726 的要求，如图 2－8－3 所示，由 3 个水平的模槽组成，可同时成型 3 条截面为 40 mm×40 mm×160 mm 的菱形试体。

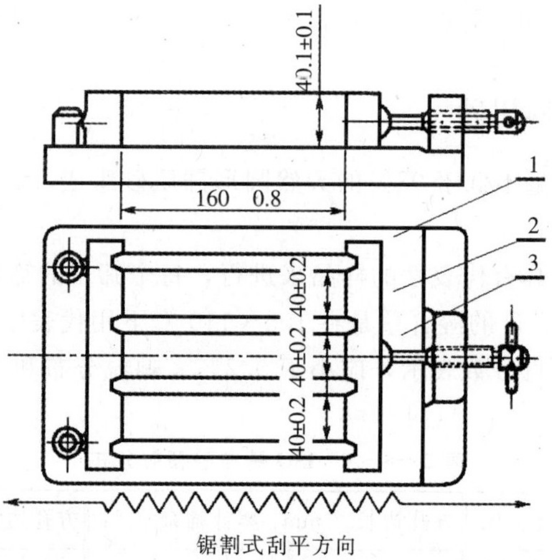

1-隔板；2-端板；3-底板

图 2-8-3 水泥胶砂强度检验试模 （单位：mm）

(5) 抗折强度试验机：应符合 JC/T724 的要求，一般采用杠杆比值为 1∶50 的电动抗折试验机。抗折夹具的加荷与支撑圆柱直径应为 10±0.1 mm，两个支撑圆柱中心间距为 100±0.2 mm，如图 2－8－4 所示。

(6) 抗压强度试验机：抗压试验机以 200～300 kN 为宜，误差不超过±2%。

(7) 抗压强度试验机用夹具：应符合 JC/T683 的要求，由硬质钢材制成，受压面积为 40 mm×40 mm，加压面必须磨平，如图 2－8－5 所示。

(8) 刮平刀：断面为正三角形，有效长度为 26 mm。

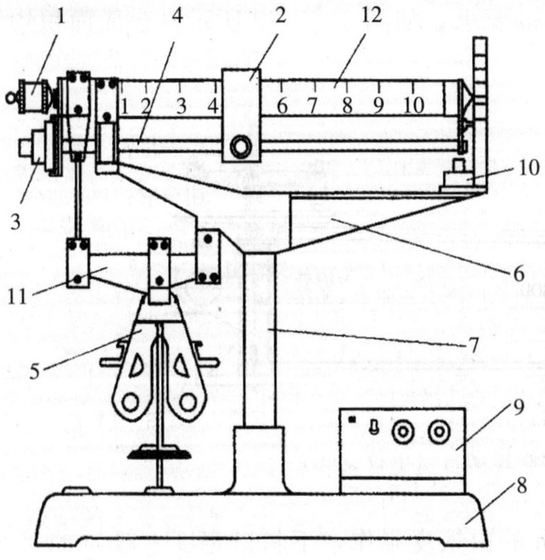

1—平衡锤；2—游动砝码；3—电动机；4—传动丝杠；5—抗折夹具；6—机架；7—立柱；8—底座；9—控制箱；10—开关；11—下杠杆；12—上杠杆

图 2-8-4　电动抗折试验机

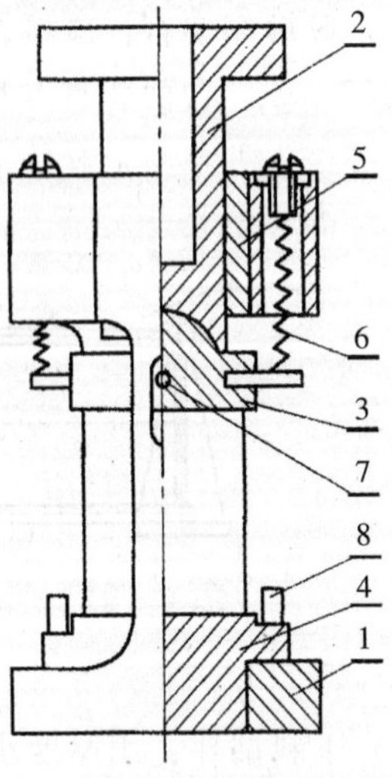

1—框架；2—传压柱；3—上压板和球座；4—下压板；5—铜套；6—吊簧；7—定向销；8—定位销

图 2-8-5　抗压夹具

2.8.3　水泥胶砂试样用砂

ISO 基准砂是由含量不低于 98%的天然圆形硅质砂组成，其颗粒分布见表2—8—1的规定。

砂的筛析试验应用具有代表性的样品来进行，每个筛子的筛析试验应进行至每分钟通过量小于 0.5 g 为止。砂的湿含量是在 105～110 ℃下用代表性砂样烘 2 h 的质量损失来测定，以干基的质量百分数表示，应小于 0.2%。颗粒分布和湿含量的测定每天应至少进行一次。

表 2—8—1　ISO 基准砂颗粒分布

方孔边长 / mm	累计筛余 / %	方孔边长 / mm	累计筛余 / %	方孔边长 / mm	累计筛余 / %
2.0	0	1.0	33±5	0.16	87±5
1.6	7±5	0.5	67±5	0.08	99± 1

水泥胶砂强度用砂应使用中国 ISO 标准砂。ISO 标准砂由 1～2 mm 粗砂，0.5～1.0 mm 中砂，0.08～0.5 mm 细砂组成，各级砂质量为 450 g（即各占 1/3），通常以 1 350±5 g 混合小包装供应。灰砂比为 1∶3，水灰比为 0.5。

2.8.4　试验条件

（1）试体为 40 mm×40 mm×160 mm 棱柱试体。

（2）试体是由按质量计的 1 份水泥、3 份中国 ISO 标准砂，用 0.5 的水灰比拌制的一组塑性砂制成。

(3) 试体成型试验室的温度应保持在 20±2 ℃，相对湿度应不低于 50%。试体带模养护的养护箱或雾室温度保持在 20±1 ℃，相对湿度不低于 90%。试体养护池水温度应在 20±1 ℃范围内。试验室空气温度与相对湿度及养护池水温在工作期间每天至少记录一次。养护箱或雾室的温度与相对湿度至少每 4 h 记录一次。在自动控制的情况下，记录次数可以酌减至一天记录 2 次。在温度给定范围内，控制所设定的温度应为此范围中的值。

2.8.5 试件的制备成型

(1) 将试模擦净，四周模板与底座的接触面上应涂黄油，紧密装配，防止漏浆。内壁均匀刷一薄层机油。

(2) 每成型 3 条试件需称量水泥 450±2 g、标准砂 1 350±5 g。拌合用水量为 225±1 g。

(3) 搅拌时，先把水加入锅里，再加入水泥，把锅放在固定架上，上升至固定位置。然后立即开动搅拌机，低速搅拌 30 s 后，在第二个 30 s 开始的同时均匀地将砂子加入。把机器转至高速再拌 30 s。停拌 90 s，在第一个 15 s 内用一胶皮刮具将叶片和锅壁上的胶砂刮入锅中。在高速下继续搅拌 60 s。各个搅拌阶段，时间误差应在±1 s 以内。

(4) 胶砂制备后立即进行成型。将空试模和模套固定在振实台上，用一个合适的勺子直接从搅拌锅里将胶砂分两层装入试模，装第一层时，每个槽里约放 300 g 胶砂，用大播料器垂直架在模套顶部沿每个模槽来回一次将料层播平，接着振实 60 次；再装入第二层胶砂，用小播料器播平，再振实 60 次。移走模套，从振实台上取下试模，用一金属直尺以近似 90°的角度架在试模模顶的一端，然后沿试模长度方向以横向锯割动作慢慢向另一端移动，一次将超过试模部分的胶砂刮去，并用同一直尺近乎水平地将试体表面抹平。

(5) 在试模上作标记或加字条标明试件编号和试件相对于振实台的位置。

(6) 检验前或更换水泥品种时，搅拌锅、叶片和下料漏斗等须用湿布抹擦干净。

2.8.6 试件的养护

(1) 去掉留在模子四周的胶砂。立即将做好标记的试模放入雾室或湿箱的水平架子上养护，湿空气应能与试模各边接触。养护时不应将试模放在其他试模上。一直养护到规定的脱模时间后取出脱模。脱模前，用防水墨汁或颜料笔对试体进行编号并做其他标记。2 个龄期以上的试体，在编号时应将同一试模中的 3 条试体分在 2 个以上龄期内。

(2) 脱模应非常小心。对于 24 h 龄期的，应在破型试验前 20 min 内脱模。对于 24 h以上龄期的，应在成型后 20～24 h 之间脱模。如经 24 h 养护，会因脱模对强度造成损害时，可以延迟到 24 h 以后脱模，但在试验报告中应予说明。

(3) 已确定作为 24 h 龄期试验（或其他不下水直接做试验）的已脱模试体，应用湿布覆盖至做试验时为止。

(4) 将做好标记的试件立即水平或竖直放在20±1 ℃水中养护，水平放置时刮平面应朝上。

(5) 试件放在不易腐烂的篦子上，并且彼此间保持一定距离，以让水与试件的6个面接触。养护期间试件之间间隔或试体上表面的水深不得小于5 mm。每个养护池只养护同类型的水泥试件。最初用自来水装满养护池（或容器），随后随时加水保持适当的恒定水位，不允许在养护期间全部换水。除24 h龄期或延迟至48 h脱模的试体外，任何到龄期的试体应在试验（破型）前15 min从水中取出。揩去试体表面沉积物，并用湿布覆盖至试验为止。

2.8.7 强度测定

试体龄期是从水泥加水搅拌开始试验时算起。不同龄期强度试验必须在规定的时间24 h±15 min、48 h±30 min、72 h±45 min、7 d±2 h、28 d±8 h里进行。

用规定的设备以中心加荷法测定抗折强度。在折断后的棱柱体上进行抗压试验，受压面是试体成型时的两个侧面，面积为40 mm×40 mm。当不需要抗折强度数值时，抗折强度试验可以省去。但抗压强度试验应在不使试件受有害应力情况下折断的两截棱柱体上进行。

1. 抗折强度测定

(1) 将试体一个侧面放在试验机支撑圆柱上，试体长轴垂直于支撑圆柱，通过加荷圆柱以50±10 N/s的速率均匀地将荷载垂直地加在棱柱体相对侧面上，直至折断。

(2) 保持两个半截棱柱体处于潮湿状态直至抗压试验。

(3) 抗折强度 f_m 按式（2－8－1）进行计算（精确至0.1 MPa）：

$$f_m=\frac{1.5FL}{b^3} \tag{2-8-1}$$

式中：f_m—— 抗折强度（MPa）；

F —— 折断时施加于棱柱体中部的荷载（N）；

L —— 支撑圆柱之间的距离（mm）；

b —— 棱柱体正方形截面的边长（mm）。

(4) 以一组3个棱柱体抗折结果的平均值作为试验结果。当3个强度值中有一个超出平均值的±10%时，应剔除后再取平均值作为抗折强度试验结果。

2. 抗压强度测定

(1) 抗压强度试验通过规定的仪器，在半截棱柱体的侧面上进行。

(2) 半截棱柱体中心与压力机压板受压中心差应在±0.5 mm内，棱柱体露在压板外的部分约有10 mm。

(3) 在整个加荷过程中以2 400 ±200 N/s的速率均匀地加荷直至破坏。

(4) 抗压强度 f_{ce} 按式（2－8－2）进行计算（精确至0.1 MPa）：

$$f_{ce}=\frac{F}{A} \tag{2-8-2}$$

式中：f_{ce}——抗压强度（MPa）；

F——破坏时的最大荷载（N）；

A——压部分面积（mm^2）（40 mm×40 mm=1 600 mm^2）。

（5）以一组 3 个棱柱体上得到的 6 个抗压强度测定值的算术平均值作为试验结果。如 6 个测定值中有一个超出 6 个平均值的±10%，就应剔除这个结果，而以剩下 5 个的平均数为结果。如果 5 个测定值中再有超过它们平均数±10%的，则此组结果作废。

2.8.8 检验方法的精确性

检验方法的精确性通过其重复性和再现性来测量。合格检验方法的精确性是通过它的再现性来测量的。验收检验方法和以生产控制为目的的检验方法的精确性是通过它的重复性来测量的。对于验收检验和生产控制为目的的试验方法的精确性是通过它的重复性来评定的。

再现性：抗压强度测量方法的再现性，是同一个水泥样品在不同试验室工作的不同操作人员，在不同的时间，用不同来源的标准砂和不同套设备所获得试验结果误差的定量来表达。对于 28 d 抗压强度的测定，在合格试验室之间的再现性，用变异系数表示，可要求不超过 6%。这意味着不同试验室之间获得的两个相应试验结果的差可要求（概率为 95%）小于约 15%。

重复性：抗压强度试验方法的重复性是由同一个试验室在基本相同的情况下（相同的操作人员，相同的设备，相同的标准砂，较短时间间隔内等）用同一水泥样品所得试验结果的误差来定量表达。对于 28 d 抗压强度的测定，一个合格的试验室在上述条件下的重复性以变异系数表示，可要求在 1%～3%之间。

2.8.9 结果判别

硅酸盐水泥的强度等级分为 42.5、42.5R、52.5、52.5R、62.5、62.5R 六个等级。

普通硅酸盐水泥的强度等级分为 42.5、42.5R、52.5、52.5R 四个等级。

矿渣硅酸盐水泥、火山灰质硅酸盐水泥、粉煤灰硅酸盐水泥、复合硅酸盐水泥的强度等级分为 32.5、32.5R、42.5、42.5R、52.5、52.5R 六个等级。

不同品种、不同强度等级的通用硅酸盐水泥，其不同龄期的强度应符合表 2－8－2 的规定。

表 2—8—2 通用硅酸盐水泥强度表

品种	强度等级	抗压强度 / MPa		抗折强度 /MPa	
		3 d	28 d	3 d	28 d
硅酸盐水泥	42.5	≥17.0	≥42.5	≥3.5	≥6.5
	42.5R	≥22.0		≥4.0	
	52.5	≥23.0	≥52.5	≥4.0	≥7.0
	52.5R	≥27.0		≥5.0	
	62.5	≥28.0	≥62.5	≥5.0	≥8.0
	62.5R	≥32.0		≥5.5	
普通硅酸盐水泥	42.5	≥17.0	≥42.5	≥3.5	≥6.5
	42.5R	≥22.0		≥4.0	
	52.5	≥23.0	≥52.5	≥4.0	≥7.0
	52.5R	≥27.0		≥5.0	
矿渣硅酸盐水泥 火山灰硅酸盐水泥 粉煤灰硅酸盐水泥 复合硅酸盐水泥	32.5	≥10.0	≥32.5	≥2.5	≥5.5
	32.5R	≥15.0		≥3.5	
	42.5	≥15.0	≥42.5	≥3.5	≥6.5
	42.5R	≥19.0		≥4.0	
	52.5	≥21.0	≥52.5	≥4.0	≥7.0
	52.5R	≥23.0		≥4.5	

试验3　混凝土用骨料试验

要求：学会骨料的取样技术；能正确作出砂的筛分曲线，计算砂的细度模数，评定砂的颗粒级配和粗细程度；掌握测定砂子含水率的方法；能作出粗骨料的颗粒级配曲线，判断其级配情况；能较完全地找出骨料中的针、片状颗粒，并判定是否满足混凝土用骨料的质量要求。

3.1　取样方法及数量

3.1.1　细骨料的取样方法和数量

细骨料——砂的取样应按批进行，每批总量不宜超过 400 m^3 或 600 t。

取样前，应先将取样部位的表层除去，于较深处铲取试样。取样时，应自料堆均匀分布的 8 个不同部位各取大致相等的一份，组成一组试样。从皮带运输机上取样时，应用接料器在皮带运输机机尾的出料处，定时抽取大致等量的 4 份为一组样品。从火车、汽车、货船上取样时，从不同部位和深度抽取大致等量的 8 份为一组样品。进行各单项试验的最少取样数量应符合表 3－1－1 的规定。进行几项试验时，如能保证试样经一项试验后不致影响另一项试验的结果，可用同一试样进行几项不同的试验。

表 3－1－1　每项试验所需试样的最少取样量

试验项目	细骨料/kg	粗骨料/kg							
		骨料最大粒径/mm							
		9.5	16.0	19.0	26.5	31.5	37.5	63.0	75.0
颗粒级配	4.4	9.5	16.0	19.0	25.0	31.5	37.5	63.0	80.0
含泥量	4.4	8.0	8.0	24.0	24.0	40.0	40.0	80.0	80.0
泥块含量	20.0	8.0	8.0	24.0	24.0	40.0	40.0	80.0	80.0
表观密度	2.6	8.0	8.0	8.0	8.0	12.0	16.0	24.0	24.0
堆积密度	5.0	40.0	40.0	40.0	40.0	80.0	80.0	120.0	120.0
含水率	1.0	2.0	2.0	2.0	2.0	3.0	3.0	4.0	4.0
吸水率	1.0	2.0	2.0	4.0	4.0	4.0	6.0	6.0	8.0

试验时，需按四分法分别缩取各项试验所需的数量。其步骤是：将所取样品置于平板上，在潮湿状态下拌合均匀，并堆成厚度约为 20 mm 的圆饼，然后沿互相垂直的两条直径把圆饼分成大致相等的 4 份，取其中对角线的两份重新拌匀，再堆成圆饼。重复上述过程，直至把样品缩分到试验所需量为止。试样缩分也可用分料器进行，将样品在潮湿状态下拌合均匀，然后通过分料器，取接料斗中的其中一份再次通过分料器。重复上述过程，直至把样品缩分到试验所需量为止。

堆积密度、机制砂坚固性试验所用试样可不经缩分，在拌匀后直接进行试验。

3.1.2 粗骨料的取样方法和数量

粗骨料——碎石或卵石的取样也按批进行，每批总量不宜超过 400 m^3 或 600 t。

取样前，先将取样部位表层铲除，然后从不同部位随机抽取大致等量的石子 15 份（在料堆的顶部、中部和底部均匀分布的 15 个不同部位取得）组成一组样品。从皮带运输机上取样时，与砂取样相同，但应抽取大致等量的石子 8 份组成一组样品。从火车、汽车、货船上取样时，与砂取样相同，但应抽取大致等量的石子 16 份组成一组样品。进行各单项试验的最少取样数量应符合表 3—1—1 的规定。进行几项试验时，如能保证试样经一项试验后不致影响另一项试验的结果，可用同一试样进行几项不同的试验。

试验时，需将每组试样分别缩取各项试验所需的数量。其步骤是：将所取样品置于平板上，在自然状态下拌和均匀，并堆成堆体，然后沿互相垂直的两条直径把堆体分成大致相等的 4 份，取其中对角线的两份重新拌匀，再堆成堆体。重复上述过程，直至把样品缩分到试验所需量为止。

堆积密度试验所用试样可不经缩分，在拌匀后直接进行试验。

3.2 砂的颗粒级配试验

3.2.1 试验目的

测定混凝土用砂的颗粒级配，计算细度模数，评定砂的粗细程度，为混凝土配合比设计提供依据。

3.2.2 主要仪器设备

（1）方孔筛：规格为 150 μm、300 μm、600 μm、1.18 mm、2.36 mm、4.75 mm、9.50 mm 的筛各一只，并附有筛底和筛盖。

（2）天平：称量 1 000 g，感量 1 g。

（3）摇筛机：如图 3—2—1 所示。

（4）鼓风干燥箱：能控制温度在 105±5 ℃。

（5）搪瓷盘、毛刷等。

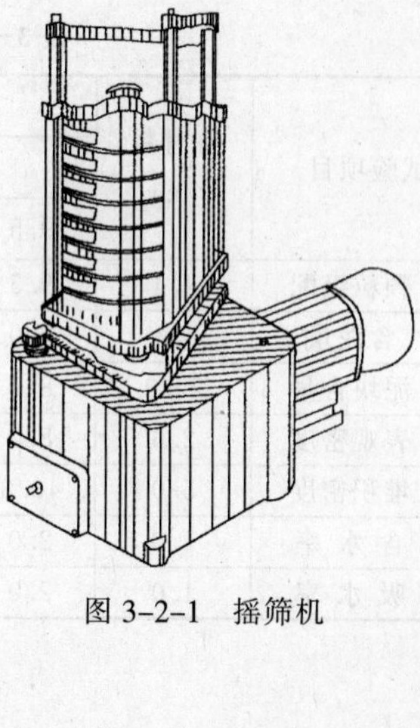

图 3-2-1 摇筛机

3.2.3　试样制备

用于颗粒级配试验的试样，应先筛除大于 9.50 mm 的颗粒，并算出其筛余百分率。然后将试样充分拌匀，缩分至约 1 100 g，放在干燥箱中于 105±5 ℃下烘干至恒量，待冷却至室温后，分为大致相等的两份备用。

恒量系指试样在烘干 3 h 以上的情况下，其前后质量之差不大于该试验所要求的称量精度（下同）。

3.2.4　试验步骤

（1）准确称取烘干试样 500 g，精确至 1 g。将试样倒入按孔径大小从上到下组合的套筛（附筛底）上，然后进行筛分。

（2）将套筛置于摇筛机上，摇 10 min。取下套筛，按筛孔大小顺序再逐个用手筛，筛至每分钟通过量小于试样总量的 0.1%为止。通过的试样并入下一号筛中，并和下一号筛中的试样一起过筛。依此顺序进行，直至各号筛全部筛完为止。

（3）称出各号筛的筛余量，精确至 1 g，试样在各号筛上的筛余量 m_r 不得超过按式（3－2－1）计算出的量：

$$m_r = \frac{A\sqrt{d}}{200} \tag{3-2-1}$$

式中：m_r——在一个筛上的筛余量（g）；

d ——筛孔尺寸（mm）；

A ——筛面的面积（mm^2）。

（4）超过时，应按下列方法之一处理：

① 将该粒级试样分成少于按上式计算出的量，分别筛分，并以筛余量之和作为该号筛的筛余量。

② 将该粒级及以下各粒级的筛余混合均匀，称出其质量，精确至 1 g。再用四分法缩分为大致相等的两份，取其中一份，称出其质量，精确至 1 g，继续筛分。计算该粒级及以下各粒级的分计筛余量时，应根据缩分比例进行修正。

3.2.5　结果计算与评定

（1）计算分计筛余百分率：各号筛的筛余量与试样总质量之比（精确至 0.1%）。

（2）计算累计筛余百分率：该号筛的分计筛余百分率加上该号筛以上各分计筛余百分率之和（精确至 0.1%）。

（3）筛分后，如每号筛的筛余量与筛底的剩余量之和同原试样质量之差超过 1%时，应重新试验。

（4）砂的细度模数 M_x 按式（3－2－2）计算（精确至 0.01）：

$$M_x = \frac{(A_2 + A_3 + A_4 + A_5 + A_6) - 5A_1}{100 - A_1} \tag{3-2-2}$$

式中：M_x—— 砂的细度模数；

A_1、A_2、A_3、A_4、A_5、A_6—— 分别为 4.75 mm、2.36 mm、1.18 mm、600 μm、300 μm、150 μm 筛的累计筛余百分率。

（5）累计筛余百分率取两次试验结果的算术平均值，精确至1%。细度模数取两次试验结果的算术平均值，精确至0.1；如两次试验的细度模数之差超过0.20时，应重新试验。

（6）根据各号筛的累计筛余百分率，采用修约值比较法评定该试样的颗粒级配。

3.3 砂的含水率检验

3.3.1 试验目的

测定砂子的含水率，供调整混凝土施工配合比用。

3.3.2 主要仪器设备

（1）天平：最大称量 1 000 g，感量 0.1 g。

（2）鼓风干燥箱：能使温度控制在 105±5 ℃。

（3）吹风机：手提式。

（4）饱和面干试模及重约 340 g 的捣棒。

（5）干燥器、吸管、搪瓷盘、小勺、毛刷等。

3.3.3 试样准备

将自然潮湿状态下的试样用四分法缩分至约 1 100 g，拌匀后分为大致相等的两份备用。

3.3.4 试验步骤

称取一份试样的质量，精确至 0.1 g。将试样倒入已知质量的烧杯中，放在干燥箱中于 105±5 ℃下烘至恒量。待冷却至室温后，再称出其质量，精确至 0.1 g。

3.3.5 结果计算与数据处理

砂的含水率 Z 按式（3—3—1）计算（精确至 0.1%）：

$$Z=\frac{G_2-G_1}{G_1}\times 100 \tag{3—3—1}$$

式中：Z —— 砂的含水率（%）；

G_1—— 烘干前的试样质量（g）；

G_2—— 烘干后的试样质量（g）。

砂的含水率取两次试验结果的算术平均值，精确至 0.1%；如果两次试验结果之差大于 0.2%时，应重新试验。

3.4　砂的表观密度检验

3.4.1　试验目的

测定混凝土用砂的表观密度，为混凝土配合比设计提供依据。

3.4.2　主要仪器

(1) 天平：称量 1 000 g，感量 0.1 g。

(2) 容量瓶：5 00 mL。

(3) 鼓风干燥箱：能使温度控制在 105±5 ℃。

(4) 干燥器、温度计、料勺等。

3.4.3　试样制备

将试样缩分至约 660 g，放在干燥箱中于 105±5 ℃下烘干至恒量，待冷却至室温后，分为大致相等的两份备用。

3.4.4　测定步骤

(1) 称取试样 300 g (m_0)，精确至 0.1 g。将试样装入容量瓶，注入冷开水至接近 500 mL 的刻度处，用手旋转摇动容量瓶，使试样充分搅动，排除气泡，塞紧瓶盖，静置 24 h。然后用滴管小心加水至容量瓶 500 mL 刻度处，塞紧瓶塞，擦干瓶外水分，称出其重量 (m_1)，精确至 1 g。

(2) 倒出瓶内水和试样，洗净容量瓶，再注入与上项水温相差不超过 2 ℃的冷开水至 500 mL 刻度处。塞紧瓶塞，擦干瓶外水分，称其质量 (m_2)，精确至 1 g。

(3) 在砂的表观密度试验过程中，应测量并控制水的温度。试验的各项称量可在 15～25 ℃的温度范围内进行。从试样加水静置的最后 2 h 起直至试验结束，其温度相差不应超过 2 ℃。

3.4.5　结果计算与评定

砂的表观密度 ρ_0 按式 (3－4－1) 计算（精确至 10 kg/m^3）：

$$\rho_0=\left(\frac{m_0}{m_0+m_2-m_1}-a_t\right)\times\rho_{水} \qquad (3-4-1)$$

式中：ρ_0—— 砂的表观密度 (kg/m^3)；

$\rho_{水}$—— 1 000 (kg/m^3)；

m_1—— 试样、水及容量瓶的总质量 (g)；

m_2—— 水及容量瓶的总质量 (g)；

m_0—— 烘干试样质量（g）；

a_t—— 水温对表观密度影响的修正系数，见表3－4－1。

表3－4－1　水温修正系数 a_t

水温/℃	15	16	17	18	19	20	21	22	23	24	25
a_t	0.002	0.003	0.003	0.004	0.004	0.005	0.005	0.006	0.006	0.007	0.008

表观密度取两次测定结果的算术平均值，精确至10 kg/m³。如两次试验结果之差大于20 kg/m³时，应重新试验。最后，采用修约值比较法进行评定。

3.5　石子的颗粒级配试验

3.5.1　试验目的

测定石子的分计及累计筛余百分率，并评定颗粒级配，为混凝土配合比设计提供依据。

3.5.2　主要仪器设备

（1）鼓风干燥箱：能使温度控制在105±5 ℃。

（2）方孔筛：孔径为2.36 mm、4.75 mm、9.50 mm、16.0 mm、19.0 mm、26.5 mm、31.5 mm、37.5 mm、53.0 mm、63.0 mm、75.0 mm及90 mm的筛各一只，并附有筛底和筛盖（筛框内径为300 mm）。

（3）天平：称量10 kg，感量1 g。

（4）摇筛机、搪瓷盘、毛刷等。

3.5.3　试样制备

按规定取样，并将试样缩分至略大于下表规定的数量，烘干或风干后备用，见表3－5－1。

表3－5－1　颗粒级配试验所需试样数量

最大粒径/mm	9.5	16.0	19.0	26.5	31.5	37.5	63.0	75.0
筛分析试样重量/kg	1.9	3.2	3.8	5.0	6.3	7.5	12.6	16.0

3.5.4　试验步骤

（1）根据试样的最大粒径，称取上表中规定的数量试样一份，精确至1 g。将试样倒入按孔径大小从上到下组合的套筛（附筛底）上，然后进行筛分。

（2）将套筛置于摇筛机上，摇 10 min；取下套筛，按筛孔大小顺序再逐个用手筛，筛至每分钟通过量小于试样总量的 0.1%为止。通过的颗粒并入下一号筛中，并和下一号筛中的试样一起过筛，依此顺序进行，直至各号筛全部筛完为止。当筛余颗粒的粒径大于 19.0 mm 时，在筛分过程中，允许用手指拨动颗粒。

（3）称出各号筛的筛余量，精确至 1 g。

3.5.5 结果计算与评定

（1）计算分计筛余百分率：各号筛的筛余量与试样总质量之比，精确至 0.1%。

（2）计算累计筛余百分率：各号筛及以上各筛的分计筛余百分率之和，精确至 0.1%。筛分后，如每号筛的筛余量与筛底的筛余量之和同原试样质量之差超过 1%时，应重新试验。

（3）根据各号筛的累计筛余百分率，采用修约值比较法评定该试样的颗粒级配。

3.6 石子的表观密度检验（简易法）

3.6.1 试验目的

测定石子的表观密度，为计算孔隙率和设计混凝土配合比提供参数和依据。

本方法不宜用于测定最大粒径大于 37.5 mm 的碎石或卵石的表观密度。

3.6.2 主要仪器设备

（1）鼓风干燥箱：能使温度控制在 105±5 ℃。

（2）天平：称量 2 kg，感量 1 g。

（3）广口瓶：1 000 mL，磨口。

（4）方孔筛（孔径 4.75 mm）、玻璃片、温度计、搪瓷盘、毛巾等。

3.6.3 环境条件

试验时各项称量可在 15～25 ℃范围内进行，但从试样加水静止的 2 h 起至试验结束，其温度变化不应超过 2 ℃。

3.6.4 试样制备

按规定取样，并缩分至略大于试验所需的数量，风干后筛除小于 4.75 mm 的颗粒，然后洗刷干净，分为大致相等的两份备用。

3.6.5 试验步骤

（1）将试样浸水饱和，然后装入广口瓶中。装试样时，广口瓶应倾斜放置，注入饮用水，用玻璃片覆盖瓶口，以上下左右摇晃的方法排除气泡。

(2) 气泡排尽后，向瓶中添加饮用水，直至水面凸出瓶口边缘。然后用玻璃片沿瓶口迅速滑行，使其紧贴瓶口水面。擦干瓶外水分后，称出试样、水、瓶和玻璃片的总质量，精确至 1 g。

(3) 将瓶中试样倒入浅盘，放在干燥箱中于 105±5 ℃下烘干至恒量，待冷却至室温后，称出试样的质量，精确至 1 g。

(4) 将瓶洗净并重新注入饮用水，用玻璃片紧贴瓶口水面，擦干瓶外水分后，称出水、瓶和玻璃片总质量，精确至 1 g。

3.6.6 结果计算与评定

(1) 石子的表观密度 ρ_0 按式（3－6－1）计算（精确至 10 kg/m³）：

$$\rho_0=\left(\frac{m_0}{m_0+m_2-m_1}-a_t\right)\times\rho_{水} \tag{3－6－1}$$

式中：ρ_0—— 石子的表观密度（kg/m³）；

$\rho_{水}$—— 1 000（kg/m³）；

m_0—— 烘干后试样的质量（g）；

m_1—— 试样、水、瓶和玻璃片的总质量（g）；

m_2—— 水、瓶和玻璃片的总质量（g）；

a_t—— 考虑称量时的水温对近似密度影响的修正系数，见表 3－4－1。

(2) 表观密度取两次试验结果的算术平均值，两次试验结果之差大于 20 kg/m³，应重新试验。对颗粒材质不均匀的试样，如两次试验结果之差超过 20 kg/m³，可取 4 次试验结果的算术平均值。

(3) 采用修约值比较法进行评定。

3.7 石子的堆积密度与空隙率试验

3.7.1 试验目的

测定石子的堆积密度，为计算石子的空隙率和混凝土配合比设计提供数据。

3.7.2 主要仪器设备

(1) 天平：称量 10 kg，感量 10 g；称量 50 kg 或 100 kg，感量 50 g 各一台。

(2) 容量筒：金属制，规格见表 3－7－1。

(3) 垫棒：直径 16 mm、长 600 mm 的圆钢。

(4) 直尺、小铲等。

表 3－7－1 容量筒的规格要求

最大粒径/mm	容量筒容积/L	容量筒规格		
		内径/mm	净高/mm	壁厚/mm
9.5，16.0，19.0，26.5	10	208	294	2
31.5，37.5	20	294	294	3
53.0，63.0，75.0	30	360	294	4

3.7.3 试样准备

按 3.1.2 节规定取样：烘干或风干后，拌匀并把试样分为大致相等的两份备用。

3.7.4 试验步骤

（1）按所测试样的最大粒径选取容量筒，称出容量筒质量，精确至 10 g。

（2）测松散堆积密度时，取试样一份，用小铲将试样从容量筒口中心上方 50 mm 处徐徐倒入，让试样以自由落体落下，当容量筒上部试样呈堆体，且容量筒四周溢满时，即停止加料。除去凸出容量筒口表面的颗粒，并以合适的颗粒填入凹陷部分，使表面稍凸起部分和凹陷部分的体积大致相等（试验过程应防止触动容量筒），称出试样和容量筒总质量，精确至 50 g。

（3）测紧密堆积密度时，称出容量筒质量。取试样一份分 3 次装入容量筒。装完第一次后，在筒底垫放一根直径为 16 mm 的圆钢，将筒按住，左右交替颠击地面各 25 次；再装入第二层，第二层装满后用同样方法颠实（但筒底所垫钢筋的方向与第一层时的方向垂直）；然后装入第三层，第三层装满后用同样方法颠实（但筒底所垫钢筋的方向与第一层时的方向平行）。试样装填完毕，再加试样直至超过筒口，用钢尺沿筒口边缘刮去高出的试样，并用适合的颗粒填平凹陷部分，使表面稍凸起部分与凹陷部分的体积大致相等，称出试样和容量筒总质量，精确至 10 g。

3.7.5 结果计算与评定

（1）石子的松散或紧密堆积密度 ρ_1 按式（3－7－1）计算（精确至 10 kg/m^3）：

$$\rho_1=\frac{m_2-m_1}{V} \tag{3-7-1}$$

式中：ρ_1——石子的松散堆积密度或紧密堆积密度（kg/m^3）；

m_2——容量筒和试样的总质量（g）；

m_1——容量筒的质量（g）；

V——容量筒的容积（L）。

（2）石子的空隙率 V_0 按式（3－7－2）计算（精确至 1%）：

$$V_0=\left(1-\frac{\rho_1}{\rho_2}\right)\times 100 \tag{3-7-2}$$

式中：V_0——石子的空隙率（%）；

ρ_1——石子的松散或紧密堆积密度（kg/m^3）；

ρ_2——石子的表观密度（kg/m^3）。

（3）堆积密度取两次试验结果的算术平均值，精确至 10 kg/m^3。空隙率取两次试验结果的算术平均值，精确至1%。

（4）采用修约值比较法进行评定。

3.8 石子的含水率试验

3.8.1 试验目的

测定石子的含水率，为调整混凝土水灰比和石子用量提供依据。

3.8.2 主要仪器设备

（1）鼓风干燥箱：能使温度控制在 105±5 ℃。

（2）天平：称量 10 kg，感量 1 g。

（3）小铲、搪瓷盘、毛巾、刷子等。

3.8.3 试样准备

按 3.1.2 节规定取样，并将试样缩分至约 4.0 kg，拌匀后分为大致相等的两份备用。

3.8.4 试验步骤

称取试样一份，精确至1 g，放在干燥箱中于105±5 ℃下烘干至恒量，待冷却至室温后，称出其质量，精确至1 g。

3.8.5 结果计算与评定

石子的含水率 Z 按式（3－8－1）计算（精确至 0.1%）：

$$Z=\frac{G_1-G_2}{G_2}\times 100 \qquad (3-8-1)$$

式中：Z —— 石子的含水率（%）；

G_1—— 烘干前试样的质量（g）；

G_2—— 烘干后试样的质量（g）。

含水率取两次试验结果的算术平均值，精确至 0.1%。

3.9 石子的吸水率试验

3.9.1 试验目的

测定石子的吸水率，即测定以烘干重量为基准的饱和面干吸水率。

3.9.2 主要仪器设备

（1）鼓风干燥箱：能使温度控制在 105±5 ℃。

（2）天平：称量 10 kg，感量 1 g。

（3）方孔筛：孔径为 4.75 mm 的筛一只。

（4）小铲、搪瓷盘、毛巾、刷子等。

3.9.3 试样准备

按 3.1.2 节规定取样，并将试样缩分至略大于表 3－1－1 规定的数量，洗刷干净后分为大致相等的两份备用。

3.9.4 试验步骤

（1）取试样一份置于盛水的容器中，水面应高出试样表面约 5 mm，浸泡 24 h 后，从水中取出，用湿布将颗粒表面的水分擦干，即成为饱和面干试样，立即称出其质量，精确至 1g。

（2）将饱和面干试样放在干燥箱中于 105±5 ℃下烘干至恒量，待冷却至室温后，称出其质量，精确至 1 g。

3.9.5 结果计算与评定

石子的吸水率 W 按式（3－9－1）计算（精确至 0.1%）：

$$W=\frac{G_1-G_2}{G_2}\times 100 \qquad (3-9-1)$$

式中：W —— 石子的吸水率（%）；

G_1—— 饱和面干试样的质量（g）；

G_2—— 烘干后试样的质量（g）。

吸水率取两次试验结果的算术平均值，采用修约值比较法进行评定。

试验 4　普通混凝土试验

要求：了解影响混凝土工作性的主要因素，并根据给定的配合比进行各组成材料的称量和实拌，测定其流动性，评定粘聚性和保水性。若工作性不能满足给定的要求，则分析原因，提出改善措施。

4.1　普通混凝土拌合物试验室拌和方法

4.1.1　一般规定

拌制混凝土的原材料应符合技术要求，并与施工实际料相同，在拌和前，材料的温度应与室温（应保持 20±5 ℃）相同，水泥如有结块现象，应用 64 孔/cm 筛过筛，筛余团块不得使用。

拌制混凝土的材料用量以质量计。称量的精确度：骨料为±1%，水、水泥及混合材料为±0.5%。

4.1.2　主要仪器设备

（1）搅拌机：容量 75～100 L，转速为 18～22 rad/min。

（2）磅秤：称量 50 kg，感量 50 g。

（3）其他用具：天平（称量 5 kg，感量 1 g）、量筒（200 cm^3，1 000 cm^3）、拌铲、拌板（1.5 m×2 m 左右）、盛器。

4.1.3　拌和方法

1. 人工拌和法

（1）按所定配合比备料。将拌板和拌铲用湿布润湿后，将砂倒在拌板上，然后加入水泥，用铲自拌板一端翻拌至另一端，如此重复，直至充分混合，颜色均匀，再加上石料，翻拌至混合均匀为止。

（2）将干混合物堆成堆，在中间作一凹槽，将已称量好的水，倒一半左右在凹槽中（勿使水流出），然后仔细翻拌，并徐徐加入剩余的水，继续翻拌，每翻拌一次，用铲在拌合物上铲切一次，直到拌和均匀为止。

(3) 拌和时力求动作敏捷，拌和时间从加水时算起，应大致符合下列规定：拌合物体积为 30 L 以下时，4～5 min；拌合物体积为 30～50 L 时，5～9 min；拌合物体积为 51～75 L 时，9～12 min。

(4) 拌好后，根据试验要求，立即做坍落度测定或试件成型。从开始加水时算起，全部操作须在 30 min 内完成。

2. 机械搅拌法

(1) 按所定配合比备料。预拌一次，即用按配合比的水泥、砂和水组成的砂浆及少量石子，在搅拌机中进行涮膛。然后倒出并刮去多余的砂浆，其目的是使水泥砂浆粘附满搅拌机的筒壁，以免正式拌和时影响拌合物的配合比。

(2) 开动搅拌机，向搅拌机内依次加入石子、砂和水泥，干拌均匀，再将水徐徐加入，全部加料时间不超过 2 min，水全部加入后，继续拌和 2 min。

(3) 将拌合物自搅拌机卸出，倾倒在拌板上，再经人工拌和 1～2 min，即可做坍落度测定或试件成型。从开始加水时算起，全部操作必须在 30 min 内完成。

4.2 坍落度法检验混凝土拌和物的和易性

坍落度法适用于骨料最大粒径不大于 40 mm、坍落度值不小于 10 mm 的混凝土拌合物稠度测定。稠度测定时需拌合物约 15 L。

4.2.1 试验目的

测定塑性混凝土拌和物的和易性，以评定混凝土拌和物的质量，供调整混凝土试验室配合比用。

4.2.2 主要仪器设备

(1) 坍落度筒：坍落度筒由 1.5 mm 厚的钢板或其他金属制成的圆台形筒。底面和顶面应互相平行并与锥体的轴线垂直。在筒外 2/3 高度处安两个手把，下端应焊脚踏板。筒的内部尺寸为：底部直径 200±2 mm；顶部直径 100±2 mm；高度 300±2 mm，如图 4—2—1 所示。

(2) 捣棒（直径 16 mm，长 600 mm 的钢棒，端部应磨圆）、小铲、木尺、钢尺、拌板、镘刀等，如图 4—2—1 所示。

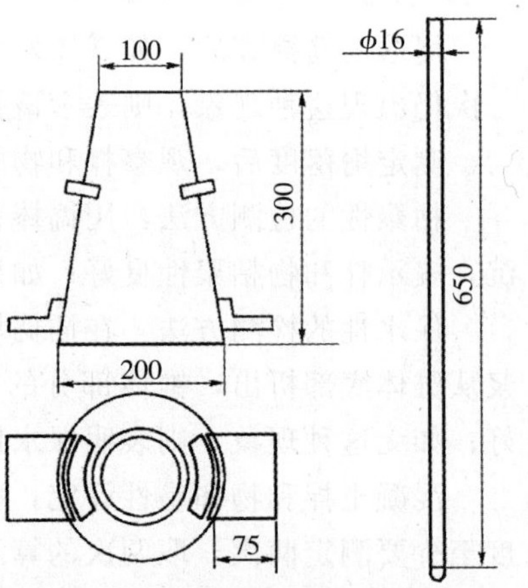

图 4-2-1　坍落度筒及捣棒(单位: mm)

4.2.3 试验步骤

(1) 用湿布擦拭湿润坍落度筒及其他用具，把坍落度筒放在铁板上，用双脚踏紧踏板，使坍落度筒在装料时保持位置固定。

(2) 用小方铲将混凝土拌和物分三层均匀地装入筒内，使每层捣实后高度约为筒高的 1/3 左右。每层用捣棒沿螺旋方向在截面上由外向中心均匀插捣 25 次。插捣深度要求为，底层应穿透该层，上层则应插到下层表面以下 10～20 mm，浇灌顶层时，应将混凝土拌和物灌至高出筒口。顶层插捣完毕后，刮去多余的混凝土拌和物并用抹刀抹平。清除坍落度筒外周围及底板上的混凝土；将坍落度筒垂直平稳地徐徐提起，轻放于试样旁边。坍落度筒的提离过程应在 5～10 s 内完成，从开始装料到提起坍落度筒的整个过程应不间断地进行，并应在 150 s 内完成。

(3) 坍落度的调整：当测得拌和物的坍落度达不到要求，可保持水灰比不变，增加 5%或 10%的水泥和水；当坍落度过大时，可保持砂率不变，酌情增加砂和石子的用量；若粘聚性或保水性不好，则需适当调整砂率，适当增加用砂量。每次调整后尽快拌和均匀，重新进行坍落度测定。

4.2.4 结果计算与数据处理

立即用直尺和钢尺测量出混凝土拌和物试体最高点与坍落度筒的高度之差，如图 4－2－1 所示，即为坍落度值，以 mm 为单位，精确至 5 mm。

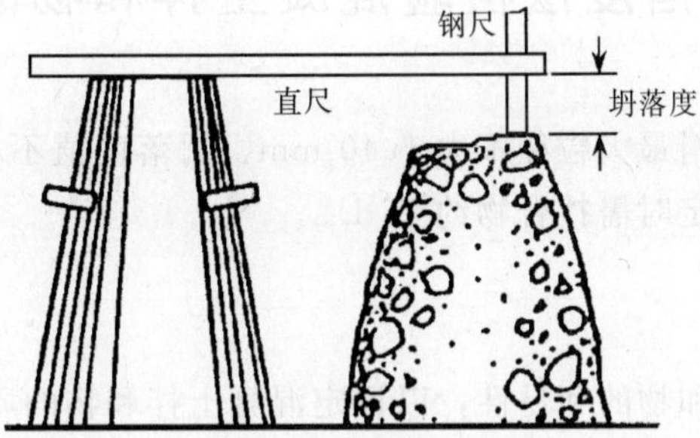

图 4-4-2 塌落度测定

坍落度筒提离后，如试体发生崩坍或一边剪坏现象，则应重新取样进行测定。如第二次仍出现这种现象，则表示该拌和物和易性不好，应予记录备查。

测定坍落度后，观察拌和物的粘聚性和保水性，并记录。

粘聚性的检测方法：用捣棒在已坍落的拌和物锥体侧面轻轻击打，如果锥体逐渐下沉，表示拌和物粘聚性良好；如果锥体倒坍，部分崩裂或出现离析，即为粘聚性不好。

保水性的检测方法：在插捣坍落度筒内混凝土时及提起坍落度筒后，如有较多的稀浆从锥体底部析出，锥体部分的拌和物也因失浆而骨料外露，则表明拌和物保水性不好；如无这种现象，则表明保水性良好。

混凝土拌和物和易性评定，应按试验测定值和试验目测情况综合评议。其中，坍落度至少要测定两次，取两次的算术平均值作为最终的测定结果。两次坍落度测定值之差应不大于 20 mm。

将上述试验过程及主观评定用书面报告形式记录在试验报告中。

4.3 维勃稠度法检验混凝土拌和物的和易性

维勃稠度法适用于骨料最大粒径不大于 40 mm，维勃稠度在 5～30 s 之间的混凝土拌和物和易性测定。测定时需配制拌和物约 15 L。

4.3.1 试验目的

测定干硬性混凝土拌和物的和易性，以评定混凝土拌和物的质量。

4.3.2 主要仪器设备

(1) 维勃稠度仪：如图 4－3－1 所示。

(2) 秒表。

(3) 其他用具与坍落度测试时基本相同。

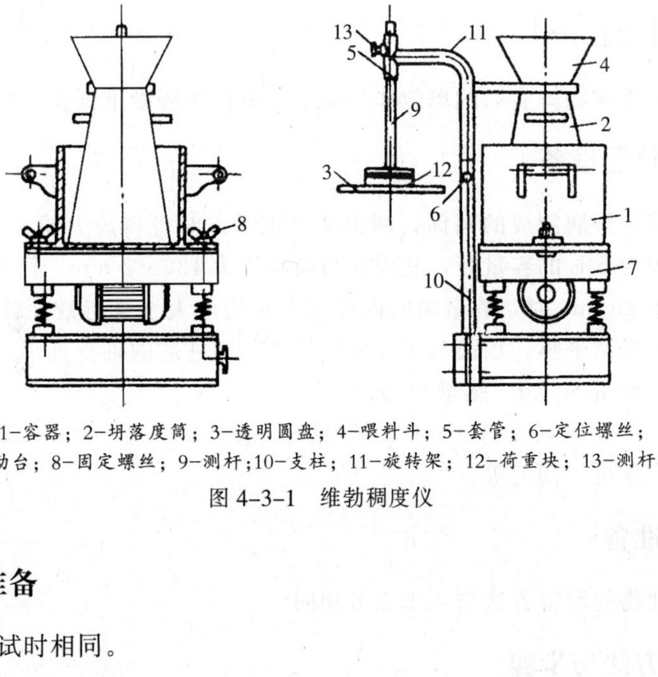

1-容器；2-坍落度筒；3-透明圆盘；4-喂料斗；5-套管；6-定位螺丝；7-振动台；8-固定螺丝；9-测杆；10-支柱；11-旋转架；12-荷重块；13-测杆螺丝

图 4-3-1 维勃稠度仪

4.3.3 试样准备

与坍落度测试时相同。

4.3.4 试验方法与步骤

(1) 将维勃稠度仪放置在坚实水平的地面上，用湿布把容器、坍落度筒、喂料斗内壁及其他用具润湿。将喂料斗提到坍落度筒上方扣紧，校正容器位置，使其中心与喂料斗中心重合，然后拧紧固定螺丝。

(2) 把拌好的拌和物用小铲分三层经喂料斗均匀地装入坍落度筒内，装料及插捣的方法与坍落度测试时相同。

(3) 把喂料斗转离，垂直地提起坍落度筒，此时，应注意不使混凝土试体产生横向的扭动。

(4) 把透明圆盘转到混凝土圆台体顶面，放松测杆螺丝，降下圆盘，使其轻轻地接触到混凝土顶面，拧紧定位螺丝并检查测杆螺丝是否已完全放松。

(5) 在开启振动台的同时用秒表计时，当振动到透明圆盘的底部被水泥布满的瞬间停止计时，并关闭振动台电机开关。秒表读出的时间即为该混凝土拌和物的维勃稠度值。

4.3.5 结果计算与数据处理

将上述试验过程及主观评定用书面报告形式记录在试验报告中。

4.4 混凝土拌和物表观密度测定

4.4.1 试验目的

测定混凝土拌和物捣实后的单位体积质量，供调整混凝土试验室配合比用。

4.4.2 主要仪器设备

(1) 容量筒：金属制成的圆筒，两旁装有把手。对骨料最大粒径不大于 40 mm 的拌和物采用容积为 5 L 的容量筒，其内径与筒高均为 186±2 mm，筒壁厚为 3 mm；骨料最大粒径大于 40 mm 时，容量筒的内径与筒高均应大于骨料最大粒径的 4 倍。容量筒上缘及内壁应光滑平整，顶面与底面应平行并与圆柱体的轴垂直。

(2) 台秤：称量 50 kg，感量 50 g；

(3) 振动台：频率应为 50±3 Hz，空载时的振幅应为 0.5±0.1 mm；

(4) 捣棒、直尺、刮刀等。

4.4.3 试样准备

混凝土拌和物的制备方法与 4.1.3 节相同。

4.4.4 试验方法与步骤

(1) 用湿布把容积筒内外擦干净并称出筒的质量 m_1，精确至 50 g。

(2) 混凝土的装料及捣实方法应根据拌和物的稠度而定。坍落度不大于 70 mm 的混凝土，用振动台振实为宜，大于 70 mm 的用捣棒捣实为宜。

(3) 采用捣棒捣实时，应根据容量筒的大小决定分层与插捣次数。用 5 L 容量筒时，混凝土拌和物应分两层装入，每层的插捣次数应为 25 次。用大于 5 L 的容量筒时，每层混凝土的高度不应大于 100 mm，每层的插捣次数应按每 100 cm^2 截面不小于 12 次计算。各次插捣应均匀地分布在每层截面上，插捣底层时捣棒应贯穿整个深度，插捣第二层时，捣棒应插透本层至下一层的表面。每一层捣完后用橡皮锤轻轻沿容器外壁敲打5～10 次，进行振实，直至拌合物表面插捣孔消失并不见大气泡为止。

(4) 采用振动台振实时，应一次将混凝土拌和物灌到高出容量筒口。装料时可用捣棒稍加插捣，振动过程中如混凝土沉落到低于筒口，则应随时添加混凝土，振动直至表面出浆为止。

(5) 用刮刀齐筒口将多余的混凝土拌和物刮去，表面如有凹陷应予填平。将容积筒外部擦净，称出混凝土与容积筒的总质量 m_2，精确至 50 g。

4.4.5　结果计算与数据处理

混凝土拌和物实测表观密度 ρ_a 按式（4－4－1）计算（精确至 10 kg/m³）：

$$\rho_a=\frac{m_2-m_1}{V_0}\times 1\,000 \qquad (4-4-1)$$

式中：ρ_a—— 混凝土拌和物实测表观密度（kg/m³）；

m_1—— 容积筒的质量（kg）；

m_2—— 容积筒与试样的总质量（kg）；

V_0—— 容积筒的容积（L）。

容量筒容积应经常予以校正，校正方法可采用一块能覆盖住容量筒顶面的玻璃板，先称出玻璃板和空桶的质量，然后向容量筒中灌入清水，灌到接近上口时，一边不断加水，一边把玻璃板沿筒口徐徐推入盖严。应注意使玻璃板下不带入任何气泡，然后擦净玻璃板面及筒壁外的水分，将容量筒连同玻璃板放在台秤上称量，两次称量之差（以 kg 计）为所盛水的体积，即为容量筒的容积（L）。

4.5　普通混凝土立方体抗压强度试验

本试验采用立方体试件，以同一龄期者为一组，每组至少为 3 个同时制作并同样养护的混凝土试件。试件尺寸按骨料的最大颗粒直径规定，见表 4－5－1 所列。

表 4－5－1

试件尺寸/mm	骨料最大粒径/mm	每层插捣次数/次	抗压强度换算系数
100×100×100	30	12	0.95
150×150×150	40	25	1
200×200×200	60	50	1.05

4.5.1　主要仪器设备

(1) 压力试验机：试验机的精度（示值的相对误差）应不低于±2%，其量程应能使试件的预期破坏荷载值不小于全量程的 20%，也不大于全量程的 80%。试验机应按计量仪表使用规定进行定期检查，以确保试验机工作的准确性。

（2）振动台：振动台的振动频率为 50±3 Hz，空载振幅约为 0.5 mm。

（3）试模：试模由铸铁或钢制成，应具有足够的刚度并拆装方便。试模内表面应机械加工，其不平度应为每 100 mm 不超过 0.05 mm，组装后各相邻面的不垂直度应不超过±0.5°。

（4）捣棒、小铁铲、金属直尺、镘刀等。

4.5.2 试件的制作

（1）每一组试件所用的混凝土拌合物应由同一次拌和成的拌合物中取出。制作前，应将试模洗干净并将试模的内表面涂一薄层矿物油脂。

（2）坍落度不大于 70 mm 的混凝土用振动台振实。将拌合物一次装入试模，并稍有富余，然后将试模放在振动台上，用固定装置予以固定。开动振动台至拌合物表面呈现水泥浆时为止。记录振动时间。振动结束后用镘刀沿试模边缘将多余的拌合物刮去，并随即用镘刀将表面抹平。

（3）坍落度大于 70 mm 的混凝土，采用人工捣实。混凝土拌合物两层装入试模，每层厚度大致相等。插捣按螺旋方向从边缘向中心均匀进行。插捣底层时，捣棒应达到试模底面，插捣上层时，捣棒应穿入下层深度约 20～30 mm。插捣时捣棒保持垂直不得倾斜，并用抹刀沿试模内壁插入数次。以防止试件产生麻面。每层插捣次数见表 4－5－1，一般每 100 cm^2 面积应不少于 12 次。然后刮除多余的混凝土，并用镘刀抹平。

4.5.3 试件的养护

采用标准养护的试件成型后应覆盖表面，以防止水分蒸发，并应在温度为 20±5 ℃情况下静置一昼夜至两昼夜，然后编号拆模。

无标准养护室时，混凝土试件可在温度为 20±3 ℃，湿度为 90%以上的标准养护室中养护。水的 pH 值不应小于 7。

与构件同条件养护的试件成型后，应覆盖表面。试件的拆模时间可与实际构件的拆模时间相同。拆模后，试件仍需保持同条件养护。

4.5.4 抗压强度试验

试件自养护室取出后，随即擦干并量出其尺寸（精确至 1 mm），据以计算试件的受压面积 A（mm^2）。

将试件安放在下承压板上，试件的承压面应与成型时的顶面垂直。试件的中心应与试验机下压板中心对准。开动试验机，当上压板与试件接近时，调整球座，使接触均衡。

加压时，应连续而均匀地加荷，加荷速度应为：混凝土强度等级低于 C30 时，取每秒钟 0.3～0.5 MPa；混凝土强度等级高于或等于 C30 时，取每秒钟 0.5～0.8 MPa。当试件接近破坏而开始迅速变形时，停止调整试验机油门，直至试件破坏，记录破坏荷载 P（N）。

4.5.5 试验结果计算

试件的抗压强度 f_{cc} 按式（4－5－1）计算（精确至 0.1 MPa）：

$$f_{cc}=\frac{P}{A} \qquad (4-5-1)$$

式中：f_{cc} —— 抗压强度（MPa）；

P ——破坏荷载（N）；

A ——受压面积（mm^2）。

以 3 个试件的算术平均值作为该组试件的抗压强度值。

如果 3 个测暄值中的最小值或最大值中有一个与中间值的差异超过中间值的 15%，则把最大及最小值一并舍除，取中间值作为该组试件的抗压强度值。如最大和最小值与中间值相差均超过 15%，则此组试验作废。

混凝土的抗压强度是以 150 mm×150 mm×150 mm 的立方体试件的抗压强度为标准，其他尺寸试件测定结果，均应换算成边长为 150 mm 立方体试件的标准抗压强度，换算时分别乘以表 4－5－1 中的换算系数。

4.6 混凝土劈裂抗拉强度试验

混凝土的劈裂抗拉强度试验是在立方体试件的两个相对的表面素线上作用均匀分布的压力，使在荷载所作用的竖向平面内产生均匀分布的拉伸应力；当拉伸应力达到混凝土极限抗拉强度时，试件将被劈裂破坏，从而可以测出混凝土的劈裂抗拉强度。

4.6.1 主要仪器设备

（1）压力机：试验机的精度（示值的相对误差）应不低于±2%，其量程应能使试件的预期破坏荷载值不小于全量程的 20%，也不大于全量程的 80%。试验机应按计量仪表使用规定进行定期检查，以确保试验机工作的准确性。

（2）试模：同 4.5.1 中的规定。

（3）垫层：应为木质三合板。其尺寸为：宽 b=15～20 mm、厚 t=3～4 mm、长≥L 立方体试件的边长。垫层不得重复使用。

（4）垫条：在试验机的压板与垫层之间必须加入直径为 50 mm 的钢制弧形垫条，其长度不得短于试件边长。

4.6.2 测定步骤

（1）试件从养护室中取出后，应及时进行试验，在试验前试件应保持与原养护地点相似的干湿状态。

（2）先将试件擦干净，在试件侧面中部划线定出劈裂面的位置，劈裂面应与试件成型时的顶面垂直。

(3) 量出劈裂面的边长（精确至 1 mm）计算出劈裂面面积（A）。

(4) 将试件放在压力机下压板的中心位置。在上下压板与试件之间加垫层和垫条，使垫条的接触母线与试件上的荷载作用线准确对齐。

(5) 加荷时必须连续而均匀地进行，使荷载通过垫条均匀地传至试件上，加荷速度为：混凝土强度等级低于 C30 时，取每秒钟 0.02～0.05 MPa；强度等级高于或等于 C30 时，取每秒钟 0.05～0.08 MPa。

(6) 在试件临近破坏开始急速变形时，停止调整试验机油门，继续加荷直至试件破坏，记录破坏荷载（F）。

4.6.3 试验结果计算

劈裂抗拉强度 f_{ts} 按式（4－6－1）计算（精确至 0.01 MPa）：

$$f_{ts} = 2F/\pi A = 0.637 \times F/A \qquad (4-6-1)$$

式中：f_{ts}—— 劈裂抗拉强度（MPa）；

F ——破坏荷载（N）；

A ——试件劈裂面积（mm^2）。

以 3 个试件的算术平均值作为该组试件的劈裂抗拉强度值。其异常数据的取舍原则同混凝土抗压强度试验。

采用边长为 150 mm 的立方体试件作为标准试件，如采用边长为 100 mm 的立方体非标准试件时，且测得的强度值应乘以尺寸换算系数 0.85。

试验 5　普通混凝土长期性能和耐久性能试验

要求：确定混凝土性能特征值，检查、控制现浇混凝土工程或预制构件的质量。本标准适用于工业、民用建筑和一般构筑物中所用普通混凝土的基本性能试验。

5.1　试件的制作及养护

(1) 本试验方法中规定的长期性和耐久性能试验用试件，除抗渗、疲劳试验以外均以 3 个为一组。制作每组长期性能及耐久性能试验的试件及其相应的对比所用的拌合物应根据不同要求从同一盘搅拌或同一车运送的混凝土中取出，或在试验室用机械或人工单独拌制。用以检验现浇混凝土工程或预制构件质量的试件分组及取样原则，应按现行《钢筋混凝土工程施工及验收规范》及其他有关规定执行。

(2) 试验室拌制混凝土制作试件时，其材料用量应以重量计算，称量的精度应满足：水泥、水和外加剂均为±0.5%；骨料为±1%。

(3) 所有试件均应在拌制或取样后立即制作。确定混凝土设计特征值、标号或进行材料性能研究时，试件的成型方法应根据混凝土的稠度而定。坍落度不大于 70 mm 的混凝土，宜用振动台振实，大于 70 mm 的宜用捣棒人工捣实。检验现浇混凝土工程和预制构件质量的混凝土，试件的成型方法应与实际施工采用的方法相同。棱柱体试件宜采用卧式成型，在灌注混凝土及捣实时，埋有钢筋的试件应特别注意钢筋和试模之间的混凝土能保持灌注密实及捣实良好。

(4) 用离心法、压浆法、真空作业法及喷射法等特殊方法成型的混凝土，其试件的制作应按相应的规定进行。

(5) 制作试件用的试模由铸铁或钢制成，应具有足够的刚度并拆装方便。试模的内表面应机械加工，其不平度应为每 100 mm 不超过 0.05 mm，组装后各相邻面的不垂直度不应超过±0.5°。在制作试件前应将试模清擦干净，并应涂以脱模剂。

(6) 用振动台成型时，应将混凝土拌合物一次装入试模，装料时，应用抹刀沿试模内壁略加插捣，并应使混凝土拌合物高出试模上口。振动时，应防止试模在振动台上自由跳动。振动应持续到混凝土表面出浆为止，刮除多余的混凝土并用抹刀抹平。试验室用振动台的振动频率应为 50±3 Hz，空载时振幅为 0.5 mm。保持同条件养护。

(7) 试验需要进行自然放置并晾干的试件应放置在干燥通风的室内，每块试件之间至少留有 10～20 mm 的间隙。

5.2 抗冻性能试验

5.2.1 慢冻法

1. 试验目的

在气冻水融条件下，测定混凝土试件以经受的冻融循环次数来表示混凝土抗冻性能。

2. 主要仪器设备

(1) 冷冻箱（室）：装有试件后，能使箱（室）内温度保持在－20～－18 ℃范围内。

(2) 融解水槽：装有试件后，能使水温保持在 18～20 ℃范围内。

(3) 试件架：应采用不锈钢或者其他耐腐蚀的材料制作，其尺寸应与冻融试验箱和所装的试件相适应。

(4) 台秤：称量 20 kg，感量不应超过 5 g。

(5) 压力试验机：精度至少为±2%，其量程应能使试件的预期破坏荷载值不小于全量程的 20%，也不大于全量程的 80%。试验机上、下压板及试件之间可各垫以钢垫板，钢垫板两承压面均应机械加工。与试件接触的压板或垫板的尺寸应大于试件承压面，其不平度应为每 100 mm 不超过 0.02 mm。

3. 试件要求

慢冻法抗冻试验所采用的试件尺寸为 100 mm×100 mm×100 mm 的立方体试件。每次试验所需的试件组数应符合表 5－2－1 的规定，每组试件应为 3 个。

表 5－2－1　慢冻法试验所需要的试件组数

设计抗冻标号	D25	D50	D100	D150	D200	D250	D300	D300 以上
检查强度所需冻融次数	25	50	50 及 100	100 及 150	150 及 200	200 及 250	250 及 300	300 及设计次数
鉴定 28 d 强度所需试件组数	1	1	1	1	1	1	1	1
冻融试件组数	1	1	2	2	2	2	2	2
对比试件组数	1	1	2	2	2	2	2	2
总计试件组数	3	3	5	5	5	5	5	5

4. 试验步骤

(1) 在标准养护室内或同条件养护的冻融试验的试件，应在养护龄期为 28 d 时提前将试件从养护地点取出，随后应将试件放在 20±2 ℃水中浸泡，浸泡时水面应高出试件顶面 20～30 mm，在水中浸泡的时间应为 4 d，试件应在 28 d 龄期时开始进行冻融试验。始终在水中养护的冻融试件，当试件养护龄期达到 28 d 时，可直接进行后续试验。对此种情况，应在试验报告中予以说明。

(2) 当试件养护龄期达到 28 d 时，应及时取出冻融试验的试件。用湿布擦除表面水分后对外观尺寸进行测量，试件的外观尺寸应满足本章 5.2.1 节的要求，并分别编号、称重，然后按编号置入试件架内，且试件架与试件的接触面积不宜超过试件底面的 1/5。试件与箱体内壁之间应至少留有 20 mm 的空隙，试件架中各试件之间应至少保持 30 mm的空隙。

(3) 冷冻时间应在冻融箱内温度降至－18 ℃时开始计算。每次从装完试件到温度降至－18 ℃所需时间应在 1.5～2 h 内。冻融箱内温度在冷冻时应保持在－20～－18 ℃范围内。

(4) 每次冻融循环中试件的冷冻时间不应小于 4 h。

(5) 冷冻结束后，应立即加入温度为 18～20 ℃的水，使试件转为融化状态，加水时间不应超过 10 min。控制系统应确保在 30 min 内，水温不低于 10 ℃，且在 30 min 后水温能保持在 18～20 ℃范围内。冻融箱内的水面应至少高出试件表面 20 mm，融化时间不应小于 4 h。融化完毕视为该次冻融循环结束，可进入下一次冻融循环。

(6) 每 25 次循环宜对冻融试件进行一次外观检查。当出现严重破坏时，应立即进行称重，当一组试件的平均质量损失率超过 5%时，可停止其冻融循环试验。

(7) 试件达到表 5－2－1 规定的冻融循环次数后，试件应称重并进行外观检查，详细记录试件表面破损、裂缝及边角缺损情况。当试件表面破损严重时，应先用高强石膏找平，然后进行抗压强度试验。

(8) 当冻融循环因故中断且试件处于冷冻状态时，试件应继续保持冷冻状态，直至恢复冻融试验为止，并将故障原因及暂停时间在试验结果中注明。当试件处在融化状态下因故中断时，中断时间不应超过两个冻融循环的时间。在整个试验过程中，超过两个冻融循环时间的中断故障次数不得超过两次。

(9) 当冻融循环出现下列情况之一时，可停止试验：

① 达到规定的冻融循环次数；

② 试件的抗压强度损失率已达到 25%；

③ 试件的质量损失率已达到 5%。

5. 试验结果计算

(1) 混凝土冻融试验后强度损失率 Δf_c 按式（5－2－1）计算（精确至 0.1）：

$$\Delta f_c=\frac{f_{c0}-f_{cn}}{f_{cn}} \qquad (5-2-1)$$

式中：Δf_c—— n 次冻融循环后的混凝土抗压强度损失率（%）；

f_{c0}—— 对比试件的抗压强度测定值（MPa）；

f_{cn}—— 经 n 次冻融循环后的一组试件抗压强度测定值（MPa）。

(2) 单个试件的质量损失率 ΔW_{ni} 按式（5－2－2）计算（精确至 0.01）：

$$\Delta W_{ni}=\frac{W_{oi}-W_{ni}}{W_{oi}}\times 100 \qquad (5-2-2)$$

式中：ΔW_{ni}—— n 次冻融循环后第 i 个混凝土试件的质量损失率（%）；

W_{oi}—— 冻融循环试验前第 i 个混凝土试件的质量（g）；

W_{ni}—— n 次冻融循环后第 i 个混凝土试件的质量（g）。

（3）一组试件的平均质量损失率 ΔW_n 按式（5－2－3）计算（精确至 0.1）：

$$\Delta W_n = \frac{\sum_{i=1}^{3} \Delta W_{ni}}{3} \times 100 \qquad (5-2-3)$$

式中：ΔW_n—— n 次冻融循环后一组混凝土试件的平均质量损失率（%）。

（4）每组试件的平均质量损失率应以 3 个试件的质量损失率试验结果的算术平均值作为测定值。当某个试验结果出现负值，应取 0，再取 3 个试件的算术平均值。当 3 个值中的最大值或最小值与中间值之差超过 1%时，应剔除此值，再取其余两值的算术平均值作为测定值；当最大值和最小值与中间值之差均超过 1%时，应取中间值作为测定值。

（5）混凝土的抗冻标号，应以抗压强度损失率不超过 25%或者质量损失率不超过 5%时的最大循环次数按表 5－2－1 确定。

5.2.2 快冻法

1. 试验目的

测定混凝土试件在水冻水融条件下，以经受的快速冻融循环次数来表示的混凝土抗冻性能，适用于抗冻性要求高的混凝土。

2. 主要仪器设备

（1）快速冻融装置：运转时冻融箱内防冻液各点温度的极差不得超过 2 ℃。

（2）试件盒：宜采用具有弹性的橡胶材料制作，其内表面底部应有半径为 3 mm 橡胶突起部分。盒内加水后水面应至少高出试件顶面 5 mm。试件盒横截面尺寸宜为 115 mm×115 mm，试件盒长度宜为 500 mm，如图 5－2－1 所示。

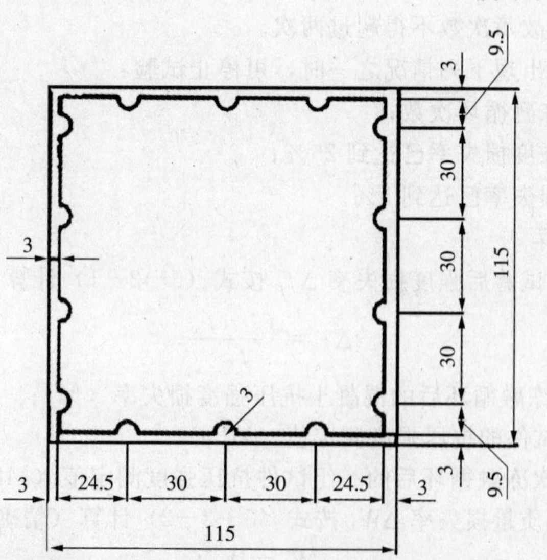

图 5-2-1 橡胶试件盒横截面示意图（单位：mm）

(3) 台秤：称量 20 kg，感量不应超过 5 g。

(4) 动弹性模量测定仪：共振法或敲击法动弹性模量测定仪。

(5) 温度传感器：包括热电偶、电位差计等，能在－20～20 ℃范围内测定试件中心温度，且测量精度应为±0.5 ℃。

3. 试件要求

试件成型时，不得采用憎水性脱模剂。

本试验采用尺寸为 100 mm×100 mm×400 mm 的棱柱体试件，混凝土试件每组 3 块。在试验过程中可连续使用。除制作冻融试件外，尚应制备同样形状、尺寸，且中心埋有温度传感器的测温试件，测温试件应采用防冻液作为冻融介质。测温试件所用混凝土的抗冻性能应高于冻融试件。

4. 试验步骤

(1) 在标准养护室内或同条件养护的冻融试验的试件，应在养护龄期为 28 d 时提前将试件从养护地点取出，随后应将试件放在 20±2 ℃水中浸泡，浸泡时水面应高出试件顶面 20～30 mm，在水中浸泡的时间为 4 d，试件应在 28 d 龄期时开始进行冻融试验。始终在水中养护的冻融试件，当试件养护龄期达到 28 d 时，可直接进行后续试验。对此种情况，应在试验报告中予以说明。

(2) 当试件养护龄期达到 28 d 时，应及时取出冻融试验的试件。用湿布擦除表面水分后，对外观尺寸进行测量，试件的外观尺寸应满足本章 5.2.1 节的要求，并分别编号、称量试件初始质量 W_{oi}，然后测定其横向基频的初始值 f_{oi}。

(3) 将试件放入试件盒内，试件应位于试件盒中心，然后将试件盒放入冻融箱内的试件架中，并向试件盒中注入清水。在整个试验过程中，盒内水位高度应始终保持至少高出试件顶面 5 mm。

(4) 测温试件盒应放在冻融箱的中心位置。

(5) 冻融循环过程应符合下列要求：

① 每次冻融循环应在 2～4 h 内完成，且用于融化的时间不得少于整个冻融循环时间的 1/4；

② 在冻结和融化过程中，试件中心最低和最高温度应分别控制在－18±2 ℃和 5±2 ℃范围内。在任意时刻，试件中心温度不得高于 7 ℃，且不得低于－20 ℃；

③ 每块试件从 3 ℃降至－16 ℃，所用的时间不得少于冷冻时间的 1/2。每块试件从－16 ℃升至 3 ℃，所用时间不得少于整个融化时间的 1/2，试件内外的温差不宜超过 28 ℃。

④ 冷冻和融化之间的转换时间不宜超过 10 min。

(6) 每隔 25 次冻融循环宜测量试件的横向基频 f_{ni}，测量前，先将试件表面浮渣清洗干净并擦干表面水分，然后检查其外部损伤并称量试件的质量 W_{ni}。随后按本章规定的方法测量横向基频。测完后，迅速将试件调头重新装入试件盒内，并加入清水，继续试验。试件的测量、称量及外观检查应迅速，待测试件应用湿布覆盖。

(7) 当有试件停止试验被取出时，应另用其他试件填充空位。当试件在冷冻状态下因故中断时，试件应保持冷冻状态，直至恢复冻融试验为止，并将故障原因及暂停时间在试验结果中注明。试件在非冷冻状态下发生故障的时间不宜超过两个冻融循环的时间。在整个试验过程中，超过两个冻融循环时间的中断故障次数不得超过两次。

(8) 当冻融循环出现下列情况之一时，可停止试验：

① 达到规定的冻融循环次数；

② 试件的相对动弹性模量下降到60%；

③ 试件的质量损失率达5%。

5. 试验结果计算

(1) 混凝土试件的相对动弹性模量 P_i 按式（5—2—4）、(5—2—5) 计算（精确至0.1）：

$$P_i=\frac{f_{ni}^2}{f_{oi}^2}\times 100 \qquad (5-2-4)$$

式中：P_i—— 经 n 次冻融循环后第 i 个混凝土试件的相对动弹性模量（%）；

f_{ni}—— 经 n 次冻融循环后第 i 个混凝土试件的横向基频（Hz）；

f_{oi}—— 冻融循环试验前第 i 个混凝土试件横向基频初始值（Hz）。

$$P=\frac{1}{3}\sum_{i=1}^{3}P_i \qquad (5-2-5)$$

式中：P —— 经 n 次冻融循环后一组混凝土试件的相对动弹性模量（%），精确至0.1。相对动弹性模量 P 应以3个试件试验结果的算术平均值作为测定值。当最大值或最小值与中间值之差超过中间值的15%时，应剔除此值，并取其余两值的算术平均值作为测定值；当最大值和最小值与中间值之差均超过中间值的15%时，应取中间值作为测定值。

(2) 混凝土单个试件的质量损失率 ΔW_{ni} 按式（5—2—6）计算（精确至0.01）：

$$\Delta W_{ni}=\frac{W_{oi}-W_{ni}}{W_{oi}}\times 100 \qquad (5-2-6)$$

式中：ΔW_{ni}—— n 次冻融循环后第 i 个混凝土试件的质量损失率（%）；

W_{oi}—— 冻融循环试验前第 i 个混凝土试件的质量（kg）；

W_{ni}—— n 次冻融循环后第 i 个混凝土试件的质量（kg）。

(3) 一组试件的平均质量损失率 ΔW_n 按式（5—2—7）计算（精确至0.1）：

$$\Delta W_n=\frac{\sum_{i=1}^{3}\Delta W_{ni}}{3}\times 100 \qquad (5-2-7)$$

式中：ΔW_n—— n 次冻融循环后一组混凝土试件的平均质量损失率（%）。

(4) 每组试件的平均质量损失率应以3个试件的质量损失率试验结果的算术平均值作为测定值。当某个试验结果出现负值，应取0，再取3个试件的平均值。当3个值中的最大值或最小值与中间值之差超过1%时，应剔除此值，并取其余两值的算术平均值作为测定值；当最大值和最小值与中间值之差均超过1%时，应取中间值作为测定值。

(5) 混凝土抗冻等级应以相对动弹性模量下降至不低于60%或者质量损失率不超过5%时的最大冻融循环次数来确定，并用符号 F 表示。

5.3 动弹性模量试验

5.3.1 试验目的

采用共振法测定混凝土的动弹性模量。以检验混凝土在经受冻融或其他侵蚀作用后遭受破坏的程度，并以此来评定它们的耐久性能。

动弹性模量试验采用尺寸为 100 mm×100 mm×400 mm 的棱柱体试件。

5.3.2 主要仪器设备

（1）共振法混凝土动弹性模量测定仪：又称共振仪，输出频率可调范围为 100～20 000 Hz，输出功率应能使试件产生受迫振动。

（2）试件支承体：应采用厚度约为 20 mm 的泡沫塑料垫，宜采用表观密度为 16～18 kg/m^{3}的聚苯板。

（3）台秤：称量 20 kg，感量不应超过 5 g。

5.3.3 试验步骤

（1）测定试件的质量和尺寸。试件质量精确至 0.01 kg，尺寸的测量精确至 1 mm。

（2）将试件放置在支承体中心位置，成型面向上，并将激振换能器的测杆轻轻地压在试件长边侧面中线的 1/2 处，接收换能器的测杆轻轻地压在试件长边侧面中线距端面 5 mm 处。在测杆接触试件前，宜在测杆与试件接触面涂一薄层黄油或凡士林作为耦合介质，测杆压力的大小应以不出现噪声为准。采用的动弹性模量测定仪各部件连接和相对位置应符合图 5－3－1 的规定。

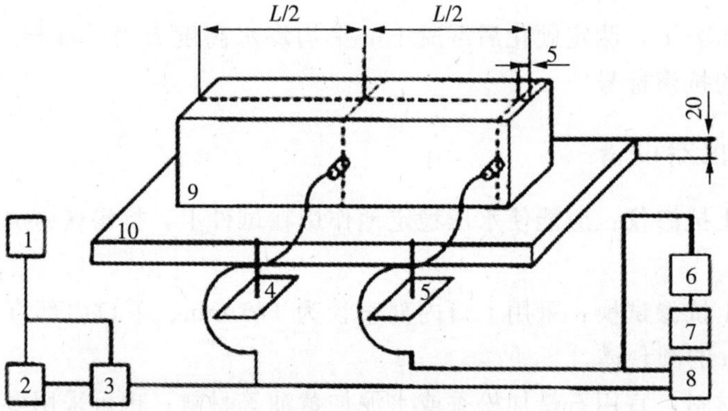

1-振荡器；2-频率计；3-放大器；4-激振换能器；5-接收换能器；6-放大器；7-电表；8-示波器；9-试件；10-试件支撑体

图 5-3-1 各部位连接和相对位置示意图 (单位：mm)

（3）放置好测杆后，应先调整共振仪的激振功率和接收增益旋钮至适当位置，然后变换激振频率，并注意观察指示电表的指针偏转。当指针偏转为最大时，表示试件达到共振状态，以这时所显示的共振频率作为试件的基频振动频率。每一测量应重复测读两次以上，当两次连续测值之差不超过两个测值的算术平均值的0.5%时，取这两个测值的算术平均值作为该试件的基频振动频率。

（4）当用示波器作显示的仪器，示波器的图形调成一个正圆时的频率即为共振频率。在测试过程中，当发现两个以上峰值时，应将接收换能器移至距试件端部0.224倍试件长处，当指示电表示值为零时，应将其作为真实的共振峰值。

5.3.4 试验结果计算

混凝土试件的动弹性模量E_d按式（5－3－1）计算（精确至100 MPa）：

$$E_d=\frac{13.244\times10^{-4}\times WL^3f^2}{a^4} \tag{5-3-1}$$

式中：E_d—— 混凝土动弹性模量（MPa）；

a —— 正方形截面试件的边长（mm）；

L —— 试件的长度（mm）；

W —— 试件的质量（kg）；

f —— 试件横向振动时的基频振动频率（Hz）。

每组应以3个试件动弹性模量的试验结果的算术平均值作为测定值。

5.4 抗水渗透试验

5.4.1 试验目的

在恒定水压力下，测定硬化后混凝土的平均渗水高度来表示混凝土抗水渗透性能，以确定混凝土的抗渗标号。

5.4.2 主要仪器设备

（1）混凝土抗渗仪：应能使水压稳定地作用在试件上，抗渗仪施加水压力范围应为0.1～2.0 MPa。

（2）混凝土抗渗试模：采用上口内部直径为175 mm、下口内部直径为185 mm和高度为150 mm的圆台体。

（3）密封材料：宜用石蜡加松香或水泥加黄油等材料，也可采用橡胶套等其他有效密封材料。

（4）梯形板：采用尺寸为200 mm×200 mm的透明材料制成，并画有10条等距、垂直于梯形底线的直线，如图5－4－1所示。

(5) 钢尺(分度值为 1 mm)、钟表(分度值为 1 min)等。

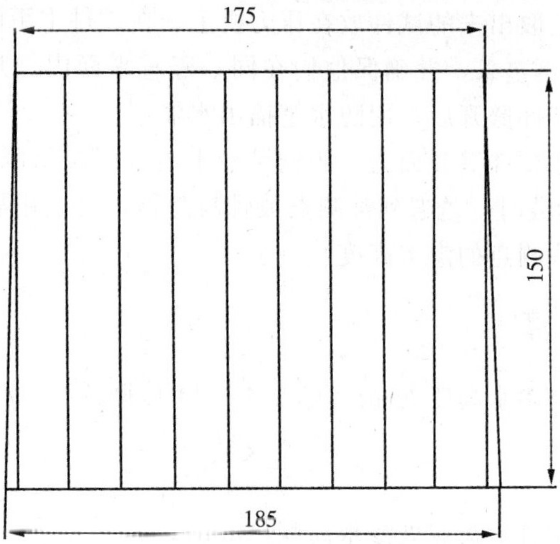

图 5-4-1 梯形板示意图(单位:mm)

5.4.3 试验步骤

(1) 抗渗性能试验应采用顶面直径为 175 mm、底面直径为 185 mm、高度为 150 mm的圆台体。抗渗试件以 6 个为一组。

(2) 试件成型后 24 h 拆模,用钢丝刷刷去两端面水泥浆膜,然后送入标准养护室养护。试件一般养护至 28 d 龄期再进行试验。

(3) 试件养护至试验前一天取出,并擦拭干净。待试件表面晾干后,按下列方法进行试件密封:

① 当用石蜡密封时,应在试件侧面裹涂一层融化的内加少量松香的石蜡。然后用螺旋加压器将试件压入经过鼓风干燥箱或电炉预热过的试模中,使试件与试模底平齐,并在试模变冷后解除压力。试模的预热温度,应以石蜡接触试模,即缓慢融化,但不流淌为准。

② 用水泥加黄油密封时,其质量比应为(2.5~3):1。应用三角刀将密封材料均匀地刮涂在试件侧面上,厚度为 1~2 mm。套上试模并将试件压入,试件与试模底齐平。

③ 试件密封也可采用其他更可靠的密封方式。

(4) 试件准备好后,启动抗渗仪,并开通 6 个试位下的阀门,使水从 6 个孔中渗出,水应充满试位坑,在关闭 6 个试位下的阀门后,将密封好的试件安装在抗渗仪上。

(5) 试件安装好以后,立即开通 6 个试位下的阀门,使水压在 24 h 内恒定控制在 1.2±0.05 MPa,且加压过程不应大于 5 min,以达到稳定压力的时间作为试验记录起始时间,精确至 1 min。在稳定过程中随时观察试件端面的渗水情况,当有某一个试件端面出现渗水时,应停止该试件的试验,记录时间,并以试件的高度作为该试件的渗水高度。对于试件端面未出现渗水的情况,应在试验 25 h 后停止试验,并及时取出试件。

在试验过程中，当发现水从试件周围渗出时，应重新进行密封。

(6) 将从抗渗仪上取出来的试件放在压力机上，在试件上下两端面中心处沿直径方向各放一根 $\phi 6$ mm 的钢垫条，并确保他们在同一竖直平面内。开动压力机，将试件沿纵断面劈裂为两半。试件劈开后，用防水笔描出水痕。

(7) 将梯形板放在试件劈裂面上，用钢尺沿水痕等间距量测 10 个测点的渗水高度值，精确至 1 mm。读数时，若遇到某测点被骨料阻挡，可以用靠近骨料两端的渗水高度算术平均值来作为该测点的渗水高度。

5.4.4 试验结果计算

(1) 混凝土试件的渗水高度 $\overline{h_i}$ 按式(5－4－1)计算：

$$\overline{h_i} = \frac{1}{10}\sum_{j=1}^{10} h_j \qquad (5-4-1)$$

式中：h_j—— 第 i 个试件 j 测点处渗水高度（mm）；

$\overline{h_i}$—— 第 i 个试件的平均渗水高度（mm），应以 10 个测点渗水高度的平均值作为该试件渗水高度的测定值。

(2) 一组试件的平均渗水高度 $\bar{h}$ 按式(5－4－2)计算：

$$\bar{h} = \frac{1}{6}\sum_{i=1}^{6} \overline{h_i} \qquad (5-4-2)$$

式中：$\bar{h}$ —— 一组 6 个试件的平均渗水高度（mm），应以一组 6 个试件渗水高度的算术平均值作为该组试件渗水高度的测定值。

5.5 收缩试验

5.5.1 试验目的

测定在无约束和规定的温度、湿度条件下，硬化混凝土试件的收缩变形性能。

5.5.2 主要仪器设备

测量混凝土收缩变形装置：具有硬钢或石英玻璃制作的标准杆，并在测量前及测量过程中及时校核仪表的读数。

5.5.3 试件要求

(1) 测定混凝土收缩时以尺寸为 100 mm×100 mm×515 mm 的棱柱体试件为标准试件，每组 3 个试件。

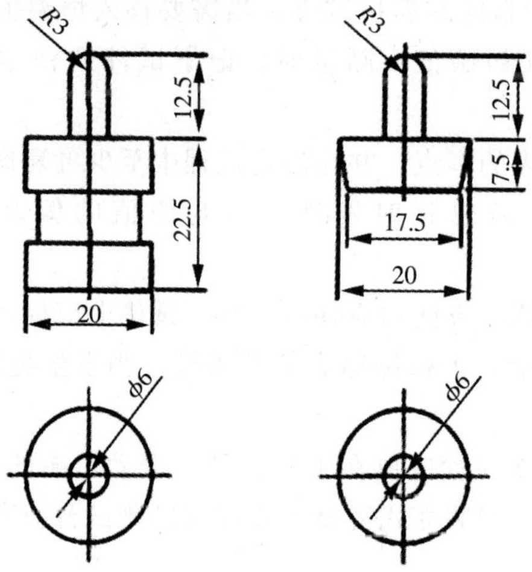

(a)预埋测头　　(b)后埋测头

图 5-5-1　卧式收缩仪试验用测头（单位:mm）

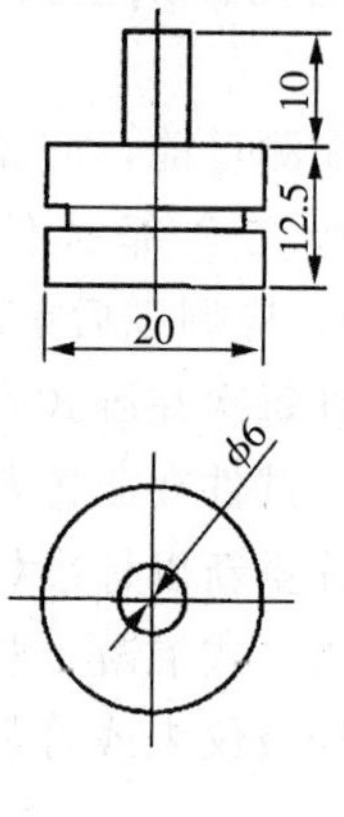

图 5-5-2　立式收缩仪试验用测头（单位:mm）

(2) 采用卧式混凝土收缩仪时，试件两端应预埋测头或留有埋设测头的凹槽。卧式收缩试验所用测头应由不锈钢或其他不锈的材料制成，如图 5－5－1 所示。

(3) 采用立式混凝土收缩仪时，试件一端中心应预埋测头。立式收缩试验所用测头的另外一端，宜采用 M20 mm×35 mm 的螺栓，并与立式混凝土收缩仪底座固定。螺栓和测头都应预埋进去，如图 5－5－2 所示。

(4) 采用接触法引伸仪时，所用试件的长度应至少比仪器的测量标距长出一个截面边长。测头应粘贴在试件两侧面的轴线上。

(5) 使用混凝土收缩仪时，制作试件的试模应具有能固定测头或预留凹槽的端板。使用接触法引伸仪时，可用一般棱柱体试模制作试件。

(6) 收缩试件成型时，不得使用机油等憎水性脱模剂。试件成型后，应带模养护 1～2 d，并保证拆模时不损伤试件。对于事先没有埋设测头的试件，拆模后，应立即粘贴或埋设测头。试件拆模后，应立即送至温度为 20±2 ℃、相对湿度为 95%以上的标准养护室养护。

5.5.4　试验步骤

(1) 收缩试验应在恒温恒湿环境中进行，室温应保持在 20±2 ℃，相对湿度应保持在 60%±5%。试件应放置在不吸水的搁架上，底面架空，每个试件之间的间隙大于30 mm。

(2) 测定代表某一混凝土收缩性能的特征值时，试件应在 3 d 龄期时（从混凝土搅拌加水时算起）从标准养护室取出，并立即移入恒温恒湿室测定其初始长度，此后，应至少按以下规定的时间间隔测量其变形读数：1 d、3 d、7 d、14 d、28 d、45 d、60 d、90 d、120 d、150 d、180 d、360 d（从移入恒温恒湿室内计时）。

(3) 测定混凝土在某一具体条件下的相对收缩值时（包括在徐变试验时的混凝土收

缩变形测定），应按要求的条件进行试验。对非标准养护试件，当需要移入恒温恒湿室进行试验，应先在该室内预置 4 h，再测其初始值。测量时，记下试件的初始干湿状态。

（4）收缩测量前，应先用标准杆校正仪表的零点，并在测定过程中至少再复核1～2次，其中一次在全部试件测读完后进行。若复核时发现零点与原值的偏差超过±0.001 mm，应调零后重新测量。

（5）试件每次在卧式收缩仪上放置的位置、方向均应保持一致。试件上应标明相应的方向记号。试件在放置及取出时应轻稳仔细，不得碰撞表架及表杆。当发生碰撞时，取下试件，并重新以标准杆复核零点。

（6）采用立式混凝土收缩仪时，整套测试装置应放在不易受外部振动影响的地方。读数时，宜轻敲仪表或者上下轻轻滑动测头。安装立式混凝土收缩仪的测试台应有减振装置。

（7）用接触法引伸仪测量时，应使每次测量的试件与仪表保持相对固定的位置和方向。每次读数应重复 3 次。

5.5.5 试验结果计算

混凝土收缩率 ε_{st} 按式（5－5－1）计算（精确至 1.0×10^{-6}）：

$$\varepsilon_{st}=\frac{L_0-L_t}{L_b} \tag{5－5－1}$$

式中：ε_{st}—— 试验期为 t 天的混凝土收缩率，t 从测定初始长度时算起。

L_b—— 试件的测量标距，用混凝土收缩仪测量时，应等于两测头内侧的距离，即等于混凝土试件长度（不计测头凸出部分）减去两个测头埋入深度之和；采用接触法引伸仪时，即为仪器的测量标距（mm）。

L_0—— 试件长度的初始读数（mm）。

L_b—— 试件在试验期为 t 天时测得的长度读数（mm）。

每组应取 3 个试件收缩率的算术平均值作为该组混凝土试件的收缩率测定值。

5.6 受压徐变试验

5.6.1 试验目的

测定混凝土试件在长期恒定轴向压力作用下的变形性能。

5.6.2 主要仪器设备

（1）徐变仪：其基本形式包括上下压板、弹簧持荷装置以及 2～3 根承力丝杆。弹簧及丝杆的数量、尺寸应按徐变仪所要求的试验吨位确定。在试验荷载下，丝杆的拉应力一般不大于材料屈服点的 30%，弹簧的工作压力不超过允许极限荷载的 80%，且工作时弹簧的压缩变形也不得小于 20 mm，如图 5－6－1 所示。

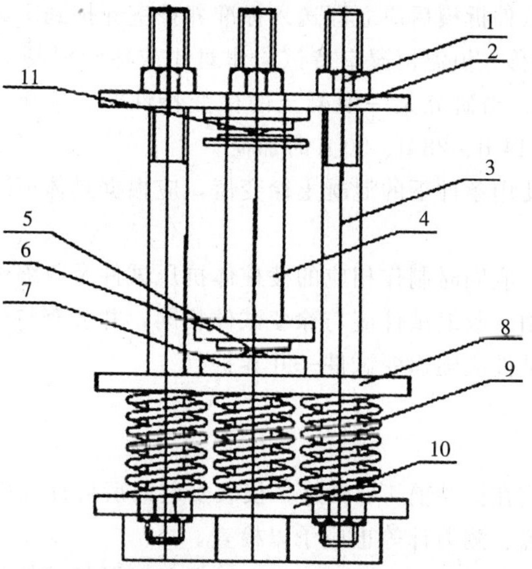

1-螺母；2-上压板；3-丝杆；4-试件；5-球绞；6-垫板；
7-定心；8-下压板；9-弹簧；10-底盘；11-球绞

图 5-6-1　弹簧式压缩徐变仪示意图

(2) 加荷装置：包括加荷架、油压千斤顶及测力装置。加荷架由接长杆及顶板组成。加荷时，加荷架与徐变仪丝杆顶部相连。油压千斤顶可采用一般的起重千斤顶，其吨位应大于所要求的试验荷载。测力装置可采用钢环测力计、荷载传感器或其他形式的压力测定装置，其测量精度应达到所加荷载的±2%，其量程应能使试验压力值不小于全量程的 20%，且不大于全量程的 80%。

(3) 变形测量装置：可采用外装式、内埋式或便携式，其测量的应变值精度不低于 0.001 mm/m。

(4) 恒温恒湿室能使室温保持在 20±2 ℃，相对湿度保持在 60%±5%。

5.6.3　试验准备

徐变试验应采用棱柱体试件，试件的尺寸根据混凝土中骨料的最大粒径按表 5－6－1选用。试件的长度应为截面边长尺寸的 3～4 倍。

表 5－6－1　徐变试验试件尺寸选用表

骨料最大公称粒径/mm	试件最小边长/mm	试件长度/mm
31.5	100	400
40	150	≥450

采用外装式变形测量装置时，徐变试验两侧面应有安装测量仪表的测头，测头宜采用埋入式。对粘结的工艺及材料确有把握时，允许采用胶粘。采用内埋式应变测量装置

时，注意使测头埋设在试件中部，并保持其轴线与试件长轴一致。采用埋入式测头时，试模的侧壁应具有能在成型时使测头定位的装置。

如无特殊要求，试件拆模后应立即送入标准养护室养护到 7 d 龄期（自混凝土搅拌加水开始起算），然后移入恒温恒湿室待试。作对比或检验混凝土的徐变性能时，试件应在 28 d 龄期时加荷。当研究某一混凝土的徐变特性时，应至少制备 5 组徐变试件，并分别在龄期为 7 d、14 d、28 d、90 d 时加荷。

如需确定在具体使用条件下的混凝土徐变值，应根据具体情况确定试件的养护及试验制度。

制作徐变试件时，应同时制作相应的棱柱体抗压试件及收缩试件，以供确定试验荷载大小及测定收缩之用。收缩试件应与徐变试件相同，并装有与徐变试件相同的测量装置。抗压试件及收缩试件应随徐变试件一并养护。

5.6.4 试验步骤

（1）测头或测点应在试验前 1 d 粘好，仪表安装好后应仔细检查，不得有任何松动或异常现象。加荷装置、测力计等也应予以检查。

（2）在即将加荷徐变试验前，应测试同条件养护试件棱柱体的抗压强度。

（3）测头和仪表准备好以后，将徐变试件放在徐变仪的下压板上，使试件、加荷装置、测力计及徐变仪的轴线重合。再次检查变形测量仪表的调零情况，记下初始读数。

（4）试件放好后，开始加荷。如无特殊要求，试验时取徐变应力为所测得棱柱体抗压强度的 40%。如果采用外装仪表或接触式引伸仪，可用千斤顶先加压至徐变应力的 20%进行对中。此时，两侧的变形相差应小于其平均值的 10%，如超出此值，应松开千斤顶，重新调整后，再加荷到徐变应力的 20%，检查对中的情况。对中完毕后，立即继续加荷直到徐变应力，读出两边的变形值。此时，两边变形的平均值即为在徐变荷载下的初始变形值。从对中完毕到测初始变形值之间的加荷及测量时间不得超过 1 min。拧紧承力螺杆上端的螺帽，放松千斤顶，观察两边变形值的变化情况。此时，试件两侧的读数相差应不超过平均值的 10%，否则予以调整，调整应在试件持荷的情况下进行，调整过程中所产生的变形增值计入徐变变形中。再加荷到徐变应力，检查两侧变形读数，其总和与加荷前读数相比，误差不超过 2%，否则应予以补足。

（5）应在加荷后的 1 d、3 d、7 d、14 d、28 d、45 d、60 d、90 d、120 d、150 d、180 d、270 d 和 360 d 测读混凝土试件的变形值。

（6）在测读徐变试件的变形读数的同时，应测量同条件放置参比用收缩试件的收缩值。

（7）试件加荷后应定期检查荷载的保持情况，在加荷后 7 d、28 d、60 d、90 d 各校核一次，如荷载变化大于 2%，应予以补足。

5.6.5 试验结果计算

（1）混凝土的徐变应变值 ε_{ct} 按式（5－6－1）计算（精确至 0.001 mm/m）：

$$\varepsilon_{ct}=\frac{\Delta L_t-\Delta L_0}{L_b}-\varepsilon_t \qquad (5-6-1)$$

式中：ε_{ct}—— 加荷 t 天后的混凝土徐变应变值（mm/m）；

ΔL_t—— 加荷 t 天后的混凝土总变形值（mm）；

ΔL_0—— 加荷时测得的混凝土初始变形值（mm）；

L_b—— 测量标距（mm）；

ε_t—— 同龄期混凝土的收缩值（mm/m）。

（2）混凝土的徐变度 C_t 按式（5－6－2）计算（精确至 1.0×10^{-6}/MPa）：

$$C_t=\frac{\varepsilon_{ct}}{\delta} \quad (5-6-2)$$

式中：C_t——加荷 t 天的混凝土徐变度（1/MPa）；

δ——徐变应力（MPa）。

（3）混凝土的徐变系数 φ_t 按式（5　6　3）计算（精确至 0. 001）：

$$\varphi_t=\frac{\varepsilon_{ct}}{\varepsilon_0} \quad (5-6-3)$$

$$\varepsilon_0=\frac{\Delta L_0}{L_b} \quad (5-6-4)$$

式中：φ_t—— 加荷 t 天的混凝土徐变系数；

ε_0—— 混凝土在加荷时测得的初始应变值（mm/m）。

（4）每组应分别以 3 个试件徐变应变（徐变度或徐变系数）试验结果的算术平均值，作为该组混凝土试件徐变应变（徐变度或徐变系数）的测定值。

（5）作为供对比用的混凝土徐变值，应采用经过标准养护的混凝土试件，在 28 d 龄期时，经受 0.4 倍棱柱体抗压强度恒定荷载持续作用 360 d 的徐变值。可用测得的 3 年徐变值作为终极徐变值。

5.7 碳化试验

5.7.1 试验目的

测定在一定浓度的二氧化碳气体介质中混凝土试件的碳化程度，以评定该混凝土的抗碳化能力。

5.7.2 主要仪器设备

（1）碳化箱：带有密封盖的密闭容器，容器的容积至少应为预定进行试验的试件体积的两倍。箱内应有架空试件的支架、二氧化碳引入口、分析取样用的气体导出口、箱内气体对流循环装置、为保持箱内恒温恒湿所需的设施以及温湿度监测装置。宜在碳化箱上设玻璃观察口，对箱内的温度、湿度进行读数。

（2）气体分析仪：能分析箱内气体中的二氧化碳浓度，并精确至±1％。

（3）二氧化碳供气装置：包括气瓶、压力表和流量计。

5.7.3 试验准备

（1）碳化试验应采用棱柱体混凝土试件，以 3 块为一组。棱柱体的长宽比不宜小于 3。无棱柱体试件时，也可用立方体试件，其数量应相应增加。

（2）试件一般应在 28 d 龄期进行碳化试验，掺有掺合料的混凝土可根据其特性决定碳化前的养护龄期。碳化试验的试件宜采用标准养护。试件应在试验前 2 d 从标准养护室取出，然后在 60 ℃下烘 48 h。

（3）经烘干处理后的试件，除留下一个或相对的两个侧面外，其余表面应用加热的石蜡予以密封，然后在暴露侧面上沿长度方向用铅笔以 10 mm 间距画出平行线，作为预定碳化深度的测量点。

5.7.4 试验步骤

（1）将经过处理的试件放入碳化箱内的铁架上，各试件之间的间距不小于 50 mm。

（2）试件放入碳化箱后，将碳化箱密封。密封可采用机械办法或油封，但不得采用水封。开动箱内气体对流装置，徐徐充入二氧化碳，并测定箱内二氧化碳的浓度。逐步调节二氧化碳的流量，使箱内的二氧化碳浓度保持在 20%±3%。整个试验期间应采取去湿措施，使箱内的相对湿度控制在 70%±5%，温度控制在 20±2 ℃的范围内。

（3）每隔一定时间对箱内的二氧化碳浓度、温度及湿度作一次测定。宜在前 2 d 每隔 2 h 测定一次，以后每隔 4 h 测定一次，并根据所测得的二氧化碳浓度、温度及湿度随时调节这些参数，去湿用的硅胶应经常更换。也可采用其他更有效的去湿方法。

（4）碳化到了 3 d、7 d、14 d 及 28 d 时，分别取出试件，破型测定碳化深度。棱柱体试件通过在压力试验机上的劈裂法或者用干锯法从一端开始破型。每次切除的厚度应为试件宽度的一半，切后用石蜡将破型后试件的切断面封好，再放入箱内继续碳化，直到下一个试验期。如采用立方体试件，则在试件中部劈开。立方体试件只作一次检验，劈开测试碳化深度后，不得再重复使用。

（5）将切除所得的试件部分刮去断面上残存的粉末，随即喷上（或滴上）浓度为 1%的酚酞酒精溶液（酒精溶液含 20%的蒸馏水）。约经 30 s 后，按原先标划的每 10 mm一个测量点用钢板尺测出各点碳化深度。当测点处的碳化分界线上刚好嵌有粗骨料颗粒时，可取该颗粒两侧处碳化深度的算术平均值作为该点的深度值。碳化深度测量应精确至 0.5 mm。

5.7.5 试验结果计算

混凝土在各试验龄期的平均碳化深度 $\overline{d_t}$ 按式（5－7－1）计算（精确至 0.1 mm）：

$$\overline{d_t} = \frac{1}{n}\sum_{i=1}^{n} d_i \qquad (5-7-1)$$

式中：$\overline{d_t}$—— 试件碳化 t 天后的平均碳化深度（mm）；

d_i—— 各测点的碳化深度（mm）；

n —— 侧点总数。

每组应以在二氧化碳浓度为20%±3%、温度为20±2 ℃、湿度为70%±5%的条件下进行碳化，以3个试件碳化28 d的碳化深度算术平均值作为该组混凝土试件碳化测定值。碳化结果处理时，宜绘制碳化时间与碳化深度的关系曲线。

5.8 混凝土中钢筋锈蚀试验

5.8.1 试验目的

测定在给定条件下混凝土中钢筋的锈蚀程度，以对比不同混凝土对钢筋的保护作用。本方法不适用于在侵蚀性介质中混凝土内的钢筋锈蚀试验。

5.8.2 主要仪器设备

（1）混凝土碳化试验装置：包括碳化箱、供气装置及气体分析仪，其要求应符合碳化试验的规定。

（2）钢筋定位板：由木质五合板或薄木板制成，尺寸为100 mm×100 mm，板上应钻有穿插钢筋的圆孔，如图5－8－1所示。

（3）天平：称量1 kg，感量0.001 g。

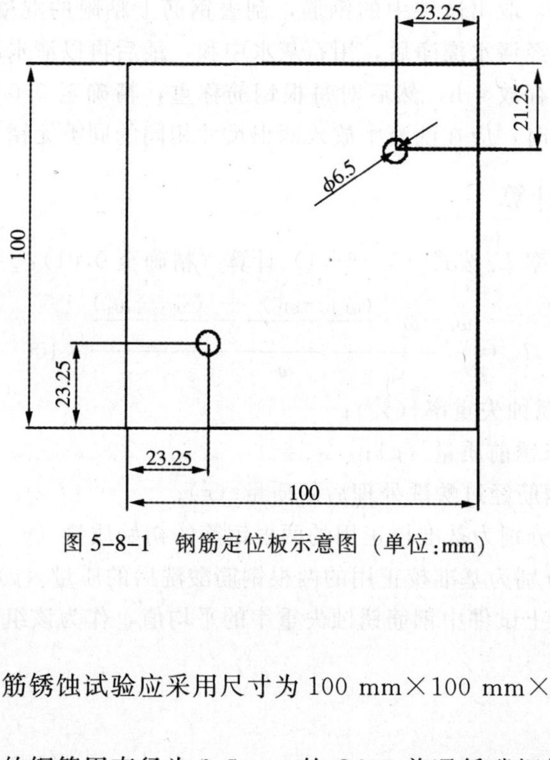

图5-8-1　钢筋定位板示意图（单位:mm）

5.8.3 试验准备

（1）混凝土中钢筋锈蚀试验应采用尺寸为100 mm×100 mm×300 mm的棱柱体试件，每组3块。

（2）试件中埋置的钢筋用直径为6.5 mm的Q235普通低碳钢热轧盘条调直截断制

成，其表面不得有锈坑及其他严重缺陷。每根钢筋长为 299±1 mm。用砂轮将其一端磨出长约 30 mm 的平面，并用钢字打上标记，钢筋应采用 12%盐酸溶液进行酸洗，经清水漂净后，用石灰水中和，再用清水冲洗干净，擦干后，在干燥器中至少存放 4 h，然后用天平称取每根钢筋的初重，精确至 0.001 g。钢筋应存放在干燥器中备用。

(3) 试件成型前，应将套有定位板的钢筋放入试模，定位板应紧贴试模的两个端板，安放完毕后，使用丙酮擦净钢筋表面。

(4) 试件成型后，在 20±2 ℃的温度下，盖湿布养护 24 h 后编号拆模，并拆除定位板。然后用钢丝刷将试件两端部混凝土刷毛，用水泥和砂子比例为 1∶2 的水泥砂浆抹上不少于 20 mm 厚的保护层，并确保钢筋端部密封质量。试件应就地潮湿养护（或用塑料薄膜盖好）24 h 后，移入标准养护室养护至 28 d。

5.8.4 试验步骤

(1) 钢筋锈蚀试验的试件应先进行碳化，碳化在 28 d 龄期时开始。碳化应在二氧化碳浓度为 20%±3%、相对湿度为 70%±5%和温度为 20±2 ℃的条件下进行，碳化时间应为 28 d。对于有特殊要求的混凝土中钢筋锈蚀试验，碳化时间可再延长 14 d 或者 28 d。

(2) 试件碳化处理后立即移入标准养护室放置。在养护室中，试件间隔的距离不应小于 50 mm，并避免试件直接淋水。在潮湿条件下存放 56 d 后将试件取出，然后破型，破型时不得损伤钢筋。先测出碳化深度，然后进行钢筋锈蚀程度的测定。

(3) 试件破型后，取出试件中的钢筋，刮去钢筋上粘附的混凝土，用 12%盐酸溶液对钢筋进行酸洗，经清水漂净后，用石灰水中和，最后再以清水冲洗干净。将钢筋擦干后在干燥器中至少存放 4 h，然后对每根钢筋称重，精确至 0.001 g，并计算钢筋锈蚀失重率。酸洗钢筋时，应在洗液中放入两根尺寸相同的同类无锈钢筋作为基准校正。

5.8.5 试验结果计算

钢筋锈蚀的失重率 L_w 按式（5−8−1）计算（精确至 0.01）：

$$L_w=\frac{\omega_o-\omega-\dfrac{(\omega_{01}-\omega_1)+(\omega_{02}-\omega_2)}{2}}{\omega_0}\times 100 \qquad (5-8-1)$$

式中：L_w —— 钢筋锈蚀失重率（%）；

ω_0 —— 钢筋未锈前质量（g）；

ω —— 锈蚀钢筋经过酸洗处理后的质量（g）；

ω_{01}、ω_{02} —— 分别为基准校正用的两根钢筋的初始质量（g）；

ω_1、ω_2 —— 分别为基准校正用的两根钢筋酸洗后的质量（g）。

每组取 3 个混凝土试件中钢筋锈蚀失重率的平均值，作为该组混凝土试件中钢筋锈蚀失重率测定值。

试验6　建筑钢材试验

要求：建筑钢材是指钢筋混凝土结构的钢筋、钢丝和用于钢结构的各种型钢，以及用于维护结构的装修工程的各种深加工钢板和复合板等。由于建筑钢材主要用作结构材料，钢材的性能往往对结构的安全起着决定性的作用，因此，我们应对各种钢材的性能有充分的了解，以便在设计和施工中合理地选择和使用。

6.1　取样方法

6.1.1　钢筋进场时的验收

（1）钢筋进场时，应抽取试件做力学性能检验，其质量必须符合有关标准规定。验收时，需检查产品合格证、出厂检验报告和进场复验报告。

（2）取样时，按照同一批量、同一规格、同一炉号、同一出厂日期、同一交货状态的钢筋，每批重量不大于60 t为一检验批，进行现场见证取样；当不足60 t时也为一个检验批，进行现场见证取样。试样分为抗拉试件两根，冷弯试件两根。试验室进行检验时，每一检验批至少应检验一个拉伸试件，一个弯曲试件。

（3）冷拉试验试件长度一般≥500 mm（500～650 mm），冷弯试验试件长度一般≥250 mm（250～350 mm）。取样时，从任一钢筋端头，截取500～1 000 mm的钢筋，再进行取样。

（4）冷拉钢筋应进行分批验收，每批重量不大于20 t的同等级、同直径的冷拉钢筋为一个检验批。取样数量应为两个拉伸试件、两个弯曲试件。

6.1.2　焊接钢筋的取样方法

在建筑施工中，钢筋焊接一般分为：闪光对焊、电阻点焊、电弧焊、电渣压力焊、预埋件T型接头埋弧压力焊、钢筋气压焊。

（1）闪光对焊：在同一工作班内，由同一焊工完成的300个同级别、同直径钢筋焊接接头应作为一检验批。当同一台班内不足300个接头时，也作为一个检验批。其机械性能试验包括拉伸试验和弯曲试验，应从每批成品中切取6个试件，3个作拉伸试验，3个作弯曲试验。拉伸试件长度一般≥500 mm（500～650 mm）；冷弯试件长度一般≥

250 mm（250～350 mm）。

（2）电阻点焊：凡钢筋级别、直径及尺寸均相同的焊接制品，即为同一类型制品，每 200 件为一批。热轧钢筋点焊做抗剪试验，试件为 3 件，长度一般≥600 mm；拔低碳钢丝焊点，除做抗剪试验外，还应对较小钢丝做拉伸试验，试件为 3 件，试件长度一般≥500 mm（500～650 mm）。

（3）电弧焊：在现场安装条件下，每一楼层中以 300 个同类型接头（同钢筋级别、同接头类型、同焊接位置）作为一批，不足 300 个时，仍作为一批。从每批成品中切取 3 个接头做拉伸试验，试件长度一般≥500 mm（500～650 mm）。

（4）电渣压力焊：在一般构筑物中，每 300 个同类型接头（同钢筋级别、同焊接位置）作为一批；在现浇混凝土框架结构中，每一楼层中以 300 个同类型接头作为一批。从每批成品中切取 3 个接头做拉伸试验，试件长度一般≥500 mm（500～600 mm）。

6.2 硬度试验

6.2.1 试验目的

测定钢材硬度，可以估计钢材的力学性能，判定钢材材质的均匀性或热处理后的效果。

硬度试验方法很多，常用的是布氏和洛氏两种试验方法。

6.2.2 布氏硬度试验

1. 主要仪器设备

（1）布氏硬度计：能施加预定试验力，如图 6-2-1 所示。

（2）压痕测量装置：测量精度为 0.01 mm。

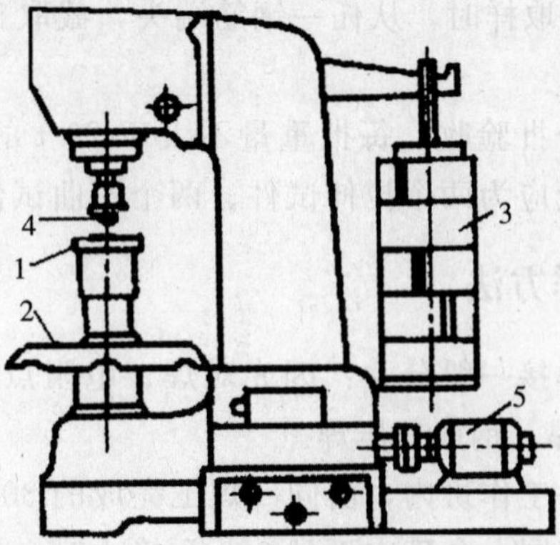

1-试验台；2-手轮；3-重锤；4-压头；5-电动机

图 6-2-1　布氏硬度计

2. 试件制备

（1）试件制备过程中，应将过热或冷加工等因素对表面性能的影响减至最小。

（2）试件厚度至少应为压痕深度的 8 倍。

（3）试件表面应光滑和平坦，并且不应有氧化皮及外界污物，尤其不应有油脂。试件表面应能保证压痕直径的精确测量。

3. 试验方法

（1）根据试件大致的硬度，按表 6－2－1 选择相应的压头和荷载，当试件尺寸允许时，应优先选用 10 mm 的球压头进行试验。装好压头，调好硬度计。试验应在 10～35 ℃室温下进行，对于温度要求严格的试验，室温为 23±5 ℃。

表 6－2－1　布氏硬度钢球、荷载选择表

材料	试验力与压头球直径平方的比率（$0.102F/D^2$）/MPa	布氏硬度 HBW	压头球直径 D/mm	试验力 F/N	荷载保持时间 S/s
钢、铸铁（HBW≥140）	30	HBW10/3 000	10	29 420	10～15
		HBW5/750	5	7 355	
		HBW2.5/187.5	2.5	1 839	
		HBW1/30	1	294.2	
铸铁（HBW＜140）	10	HBW10/1 000	10	9 807	10～15
		HBW5/250	5	2 452	
		HBW2.5/62.5	2.5	612.9	

（2）将试件稳固地置于刚性支承物上，使压头中心距试件边缘的距离不小于压痕直径的 2.5 倍，转动手轮使试件上升，直到钢球压紧，保证试件加载过程中不产生滑动。

（3）按电钮加载，加至要求试验力时间 2～8 s，在试验力下维持 10～15 s 时间。加载应平稳均匀，不得受到冲击和振动，并保证荷载与试件的试验平面垂直。

（4）按电钮卸载，反向转动手轮，使载样台下降，取出试件。

（5）应在两相互垂直方向测量压痕直径。两相邻压痕中心的距离不小于压痕直径的 3 倍。

（6）用读数显微镜测量压痕直径，每个压痕应在相互垂直的方向上进行测量，取其算术平均值，其平均值应在 0.24～0.6 D 的范围内。如不符合上述条件，试验结果无效，应另行选择相应的压头和荷载重新试验。

（7）用直径为 10 mm 或 5 mm 的钢球进行试验时，压痕直径的测量应精确至 0.02 mm，如用 2.5 mm 钢球测量时，则应精确至 0.01 mm。

4. 试验结果计算

钢筋试件的布氏硬度 HBW 按式（6－2－1）计算（精确至 1）：

$$\mathrm{HBW}=0.102\times\frac{2F}{\pi D\left(D-\sqrt{D^2-d^2}\right)} \qquad (6-2-1)$$

式中：HBW —— 布氏硬度；

F —— 试验力（N）；

D —— 硬质合金球的直径（mm）；

d —— 压痕直径（mm）。

也可根据压痕直径、荷载与钢球的关系式，由相关表中查出布氏硬度值 HBW。

5. 布氏硬度表示方法

符号 HBW 前面为硬度值，符号后面是按硬质合金球直径、试验力数字、与规定时间不同的试验力保持时间。如：600HBW1/30/20 表示用直径 1 mm 的硬质合金球在 294.2 N（按照原单位为 30 kg）试验力下保持 20 s 测定的布氏硬度值为 600。350HBW5/750 表示用直径 5 mm 的硬质合金钢球在 7.355 kN 试验力下保持 10～15 s 测定的硬度值为 350。10～15 s 是规定的试验力保持时间，布氏硬度符号中不标注。

6.2.3 洛氏硬度试验

1. 主要仪器设备

(1) 洛氏硬度计：能施加预定试验力，如图 6－2－2 所示。

(2) 压头：金刚石圆锥压头锥角为120°，顶部曲率半径为 0.2 mm；硬质合金压头的直径为 1.587 5 mm 或 3.175 mm。

(3) 测量系统：测量精度为 0.01 mm。

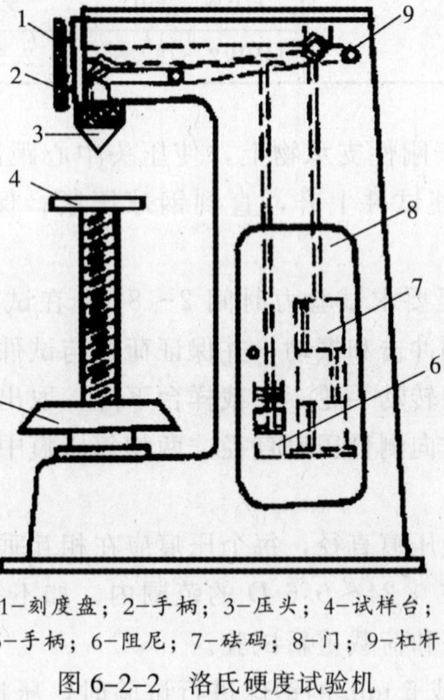

1-刻度盘；2-手柄；3-压头；4-试样台；
5-手柄；6-阻尼；7-砝码；8-门；9-杠杆

图 6-2-2 洛氏硬度试验机

2. 试验方法

(1) 根据试件的大致硬度按表 6－2－2 选择洛氏硬度标尺、荷载和压头，装好压头，调好荷载。试验应在 10～35 ℃温度下进行。

表 6-2-2 洛氏硬度标尺、压头和荷载选择表

符号		压 头	荷载 F/N	洛氏硬度测量范围
标尺	硬度值			
B	HRB	钢球直径 1.588 mm	981	25～100
C	HRC	顶角为 120°的金刚石圆锥	1 471	20～700
A	HRA	顶角为 120°的金刚石圆锥	588	20～88

（2）将试件稳定地置于载样台上，使压头中心离试件边缘的距离至少为压痕直径的 2.5 倍，但不得小于 1 mm。两压痕中心之间的距离，至少应为压痕直径的 4 倍，但也不应小于 2 mm。转动手轮使试件上升与压头接触，保证在加荷过程中，荷载作用方向与试件的试验面垂直，试件不得滑动，荷载应均匀平稳地加在试件上，不得有跳动和冲击现象。

（3）先加初荷载 F_0（98 N），并调整表盘使 CO（测 HRC 时）或 B30（测 HRB 时）对正指针后，再加主荷载 F_1（2～8 s 内完成）。当表盘指针停止旋转后，应在2 s内平稳地卸除主荷载 F_1。

（4）在保持初荷载 F_0的继续作用下，从表盘上读出相应的硬度值，精确至 0.5 刻度。然后卸除初荷载 F_0，转动手轮使载样台下降，取出试件。

（5）每一试件照上述方法连测 4 次（第一次不计），取 3 次的算术平均值作为硬度值。

（6）洛氏硬度与布氏硬度有一定关系，必要时可将洛氏硬度值换算成布氏硬度值，然后再按一定经验公式估计强度极限。

当 HB<175 时，$\sigma_b \approx 0.36\text{HB}$；

当 HB>175 时，$\sigma_b \approx 0.35\text{HB}$。

3. 注意事项

（1）若试件的硬度范围事先无法估计，应先用洛氏 C 试验，绝对不能用洛氏 B 先试，以防损坏压头。

（2）切勿用手抚摸压头，以防生锈。

（3）在任何情况下，不允许压头与试台及支座触碰，试件支承面、支座和试台工作面上均不得有压痕。

6.3 钢筋拉伸试验

抗拉强度是建筑钢材的最重要性能之一。由拉力试验测定的屈服点、抗拉强度和伸长率是钢材抗拉性能的主要技术指标。钢材的受拉性能，可通过低碳钢受拉时的应力-应变曲线阐明。低碳钢在常温和静载条件下，要经历 4 个过程，即弹性阶段、塑性阶段、应变强化阶段和颈缩断裂阶段。钢材的抗拉性能通过伸长率等指标来反映。

6.3.1 试验目的

加深对钢筋受拉的应力-应变特性的认识；加深对屈服强度、抗拉强度和伸长率的认识。

6.3.2 主要仪器设备

（1）万能材料试验机：试验机的精度（示值的相对误差）不低于±2%，其量程能使试件的预期破坏荷载值不小于全量程的20%，也不大于全量程的80%。

（2）游标卡尺：量程0～150 mm，精度为0.015 mm。

（3）钢筋打点标距仪或手锉刀等。

6.3.3 试验步骤

（1）试验一般在10～35 ℃室温下进行。先测定钢筋的直径、钢筋横截面积和重量，见表6－3－1。

表6－3－1 混凝土用钢筋截面积和重量表

公称直径/mm	公称截面积/mm^2	公称重量/（kg/m）	公称直径/mm	公称截面积/mm^2	公称重量/（kg/m）
8	50.27	0.395	20	314.2	2.47
10	78.54	0.617	22	380.1	2.98
12	113.1	0.888	25	490.9	3.85
14	153.9	1.21	28	615.8	483
16	201.1	1.58	32	804.2	6.31
18	254.5	2.00	/	/	/

（2）对试样标距标记和测量，可以用两个或一系列等分不冲点或细化线标出原始标距，标记不应影响试样断裂，也可以用手锉刀刻画标记，标距可为5 d或10 d 。

（3）按试样尺寸及截面积、强度等级选择万能材料试验机度盘量程。

（4）将试样安装上夹头，上下夹头必须持紧在试验机夹具上方可开始试验。试验速度应根据材料性质和试验目的确定。

（5）测定钢筋的屈服强度时，屈服前的应力速率按表6－3－2使试验机控制器固定于速率位置，直至该性能测出。

表6－3－2 屈服前应力速率表

金属材料的弹性模量/MPa	应力速率/（MPa・S^{-1}）	
	最小	最大
＜150 000	1	10
≥150 000	3	30

（6）测定下屈服点时，平行长度内的应变速率应在 0.000 25～0.002 5 /s 之间，并应尽可能保持恒定。

（7）屈服过后测定抗拉强度，试验机两夹头在力的作用下的分离速率应不超过 0.52 c/min，试样拉至断裂，确定试验过程中的最大荷载，或从测力度盘上读取最大力。

（8）试样拉断后，将其断裂部分在断裂处紧密对接在一起，尽量使其轴线位于一直线上，如拉断处形成缝隙，则此缝隙应计入试样拉断后的标距内。

（9）测量延伸率，用钢直尺按两点标距离进行测量。

6.3.4 结果分析

（1）试样的横截面积 S_0 按式（6－3－1）计算（精确至 0.001 mm^2）：

$$S_0=\frac{1}{4\pi d^3} \tag{6－3－1}$$

式中：S_0—— 试样的原始横截面积（mm^2）；

d —— 试样的原始直径（mm）。

（2）试样的屈服点 Q_S 按式（6－3－2）计算；上屈服点 Q_{SU} 按式（6－3－3）计算；下屈服点 Q_{SL} 按式（6－3－4）计算（精确至 5 MPa）：

$$Q_S=F_S/S_0 \tag{6－3－2}$$

$$Q_{SU}-F_{SU}/S_0 \tag{6－3－3}$$

$$Q_{SL}=F_{SL}/S_0 \tag{6－3－4}$$

式中：Q_S——屈服点（MPa）；

Q_{SU}—— 上屈服点（MPa）；

Q_{SL}—— 下屈服点（MPa）；

F_S—— 屈服力（N）；

F_{SU}—— 上屈服力（N）；

F_{SL}—— 下屈服力（N）。

（3）试样的抗拉强度 Q_b 按式（6－3－5）计算（精确至 5 MPa）：

$$Q_b=F_b/S_0 \tag{6－3－5}$$

式中：Q_b—— 试样的抗拉强度（MPa）；

F_b—— 试验过程中的最大荷载（N）。

（4）试样的断后伸长率 δ 按式（6－3－6）计算（如≤10%，精确至 0.5%；如>10%，精确至 1%）：

$$\delta=\frac{L_1-L_0}{L_0}\times 100 \tag{6－3－6}$$

式中：δ ——试样的断后伸长率（%）；

L_1—— 试样拉断后的标距（mm）；

L_0—— 试样原始标距（mm）。

（5）当试验出现下列情况之一，试验结果无效：

① 试样在标距上或标距外裂隙；

② 试验由于操作不当，如试样夹偏而造成性能不符合规定要求；

③ 试验后试样出现两个或两个以上缩颈；

④ 试验中记录有误或设备仪器发生故障影响结果准确性，遇有试验结果作废时应补做试验；

⑤ 试验后试样上显示出冶金缺陷（如分层、气泡、夹渣及缩孔等），应在试验记录及报告中注明。

6.3.5 数据处理

（1）屈服强度、抗拉强度值修约 5 MPa；伸长率如≤10%，修约到 0.5%；如>10%，修约到1%。

（2）修约按四舍六入五单双法（奇数则进一，偶数则舍弃）进行。

（3）修约法为：尾数≤2.5，修约为 0；尾数>2.5 且<7.5，修约为 5；尾数≥7.5，修约为 10。

表 6-3-3 钢筋力学及工艺性能表

表面形状	钢筋级别	强度等级代号	公称直径 /mm	屈服点 Q_s /MPa	抗拉强度 Q_b /MPa	伸长率 g /%	冷弯 d ——弯心直径 a ——钢筋公称直径
				不小于			
光面	Ⅰ	R235	8～20	235	370	25	180° $d=a$
月牙肋	Ⅱ	RL335	8～25	335	510	16	180° $d=3a$
月牙肋	Ⅱ	RL335	28～40	335	490	16	180° $d=4a$
月牙肋	Ⅲ	RL400	8～25	400	570	14	90° $d=3a$
月牙肋	Ⅲ	RL400	28～40	400	570	14	90° $d=4a$
等高肋	Ⅳ	RL540	10～25	540	835	10	90° $d=5a$
等高肋	Ⅳ	RL540	28～32	540	835	10	90° $d=6a$

6.4 钢筋弯曲试验

冷弯性能是指钢材在常温下承受弯曲变形的能力，它是建筑钢材的重要工艺性能。钢材的冷弯性能指标用试件在常温下所能承受的弯曲程度表示。按规定弯曲角和弯心直径进行试验时，试件的弯曲处不发生裂缝、裂断或起层，即认为冷弯性能合格。冷弯性能可反映钢材的冶炼质量和焊接质量。

6.4.1 试验目的

测定混凝土用钢筋承受规定弯曲角度的弯曲变形性能。

6.4.2　主要仪器设备

（1）万能材料试验机：试验机的精度（示值的相对误差）应不低于±2%，其量程应能使试件的预期破坏荷载值不小于全量程的 20%，也不大于全量程的 80%。

（2）抗弯曲支辊：支辊间的距离可以调节。

（3）冷弯冲头：$\phi 8$、$\phi 10$、$\phi 12$、$\phi 14$、$\phi 16$、$\phi 18$、$\phi 20$、$\phi 22$、$\phi 26$、$\phi 28$、$\phi 32$。

6.4.3　试验步骤

（1）试验一般在 10～35 ℃室温下进行。

（2）弯曲试样长度根据试样直径和弯曲试验装置而定，通常按下式确定试样长度：$L \approx 5a + 150$ mm

（3）试样放置在试验机上，两支辊间距为（$d + 2.5a$）±0.5 mm。试验时，在平稳压力作用下缓慢施加试验力。

（4）弯心直径必须符合有关标准的规定，弯心宽度必须大于试样的宽度或直径，两支辊间距在试验过程中不允许有变化。

6.4.4　结果分析

（1）完好：试样弯曲处的外表面金属基体上无肉眼可见因弯曲变形产生的缺陷时称为完好。

（2）微裂纹：试样弯曲外表面金属基体上出现的细小裂纹，其长度不大于 2 mm，宽度不大于 0.2 mm 时称为微裂纹。

（3）裂缝：试样弯曲外表面金属基体上出现开裂，其长度大于 5 mm，宽度大于 0.5 mm 时称为裂缝。

（4）裂断：试弯曲外表观现沿宽度贯穿的开裂，其深度超过试件厚度的三分之一时称为裂断。

6.5　钢筋焊接拉伸试验

6.5.1　试验目的

测定焊接接头抗拉强度，观察断裂位置和断口形貌，判定塑性断裂或脆性断裂。

本试验方法适用于电阻点焊、闪光对焊、电弧焊、电渣压力焊、气压焊、预埋件弧压力焊的焊接，以及接头常温静力拉伸试验。

6.5.2　主要仪器设备

（1）万能材料试验机：试验机的精度（示值的相对误差）应不低于±2%，其量程应能使试件的预期破坏荷载值不小于全量程的20%，也不大于全量程的80%。

(2) 游标卡尺：量程0～150 mm，精度0.015 mm。

6.5.3 试验步骤

(1) 试验一般在10～35 ℃室温下进行。

(2) 测量试件尺寸。将试样夹紧于试验机上，加荷应连续而平稳，不得有冲击或跳路，加荷速度为10～30 MPa/s，直至试样拉断（或出现颈缩）后为止。

(3) 试验过程中应记录钢筋级别和公称直径、试件拉断（或颈缩）前的最大荷载Pb值，断裂（或颈缩）位置，以及离开焊缝的距离。

6.5.4 结果分析

(1) 试件的抗拉强度Q_b按式（6－5－1）计算（精确至5 MPa）：

$$Q_b = P_b / F_0 \qquad (6-5-1)$$

式中：Q_b——试件抗拉强度（MPa）；

P_b——试件拉断前的最大荷载（N）；

F_0——试件公称横截面积（mm^2）。

(2) 检查断裂状况：塑性断裂、脆性断裂或颈缩现象。

(3) 试验中，若由于操作不当（如试件夹偏）或试验设备发生故障而影响试验数据的准确性时，试验结果无效。

6.6 钢筋焊接弯曲试验

6.6.1 试验目的

检验钢筋焊接接头的弯曲变形性能和可能存在的焊接缺陷。本试验方法适用于钢筋闪光对焊接头的常温弯曲试验。

6.6.2 主要仪器设备

(1) 万能材料试验机：试验机的精度（示值的相对误差）应不低于±2%，其量程应能使试件的预期破坏荷载值不小于全量程的20%，也不大于全量程的80%。

(2) 游标卡尺：量程0～150 mm，精度0.015 mm。

(3) 弯曲支架。

6.6.3 试验步骤

(1) 试验一般在10～35 ℃室温下进行。

(2) 测量尺寸：试件放在两支辊中点上，使焊缝中心线与压头中心线一致，并平稳地对试件施加压力，直至达到规定的弯曲角度为止。

(3) 钢筋的闪光对焊接头的规定压头弯心直径和弯曲角度见表 6—6—1。为了减少压头规格，实际使用时，其弯心直径可参照表 6—6—2。

(4) 在试验过程中，应采取安全措施，防止试件突然断裂伤人。

表 6—6—1 钢筋焊接接头弯曲试验参数表

钢筋直径 d /mm	钢筋级别	弯心直径 D		支辊内侧距 ($D+2.5d$) /mm	试件长度 /mm
		计算直径/mm	推荐直径/mm		
12	Ⅰ	24	30	54	200
	Ⅱ	48	48	78	230
	Ⅲ	60	60	90	240
14	Ⅰ	28	30	63	210
	Ⅱ	56	60	91	240
	Ⅲ	70	75	105	250
16	Ⅰ	32	30	72	220
	Ⅱ	64	60	104	250
	Ⅲ	80	75	120	270
18	Ⅰ	36	30	81	230
	Ⅱ	72	75	117	270
	Ⅲ	90	85	135	280
20	Ⅰ	40	48	90	240
	Ⅱ	80	75	130	280
	Ⅲ	100	96	150	300
22	Ⅰ	44	48	99	250
	Ⅱ	88	85	143	290
	Ⅲ	110	110	165	310
25	Ⅰ	50	48	113	260
	Ⅱ	100	96	163	310
	Ⅲ	125	125	188	340
28	Ⅰ	80	85	154	300
	Ⅱ	140	140	210	360
	Ⅲ	168	160	238	390
32	Ⅰ	96	96	176	300
	Ⅱ	160	160	240	390
	Ⅲ	192	185	259	410

表 6－6－2　钢筋焊接接头弯曲试验弯心直径参照表

序号	钢筋级别	弯心直径 D		弯曲角/°
		$d\leqslant 25$/mm	$D<25$/mm	
1	Ⅰ	$2d$	$3d$	90
2	Ⅱ	$4d$	$5d$	90
3	Ⅲ	$5d$	$6d$	90
4	Ⅳ	$7d$	$8d$	90

6.6.4　结果分析

检查试件受拉面有无裂纹，试验过程中试件发生断裂时，应记录断裂时的弯曲角度、断品位置和断口形貌；发现有未熔合等焊接缺陷时，应在试验报告中注明。

试验7　建筑砂浆试验

要求：了解砂浆和易性的概念、影响砂浆和易性的因素和改善和易性的措施，掌握砂浆和易性的测定方法。了解影响砂浆强度的主要因素，掌握砂浆强度试样的制作、养护和测定方法。

7.1　砂浆拌和物的试验室拌制方法

7.1.1　一般规定

（1）拌制砂浆所用的原材料，应符合质量标准，并提前 24 h 运入试验室内，拌合时，试验室的温度应保持在 20±5 ℃。

（2）试验所用原材料应与现场使用材料一致。砂应通过 4.75 mm 筛。

（3）拌制砂浆时，材料应称重计量。称量精度：水泥、外加剂、掺合料等称量精度应为±0.5%；细骨料的称量精度应为±1%。

（4）拌制前应将搅拌机、拌和铁板、拌铲、抹刀等工具表面用水润湿，注意拌和铁板上不得有积水。

7.1.2　主要仪器设备

（1）砂浆搅拌机。

（2）拌和铁板：约 1.5 m×2 m，厚度约 3 mm。

（3）磅秤：称量 50 kg，感量 50 g。

（4）台秤：称量 10 kg，感量 5 g。

（5）拌铲、抹刀、量筒、盛器等。

7.1.3　拌和方法

1. 人工拌和

（1）将称量好的砂子倒在拌板上，然后加入水泥，用拌铲拌和至混合物颜色均匀为止。

（2）将混合物堆成堆，在中间作一凹槽，将称好的石灰膏（或粘土膏）倒入凹槽中（若为水泥砂浆，则将称好的水的一半倒入凸槽中），再加入适量的水将石灰膏（或粘土膏）调稀，然后与水泥、砂共同拌和，用量筒逐次加水并拌和，直至拌合物色泽一致，和易性凭经验调整至符合要求为止。水泥砂浆每翻拌一次，需用铲将全部砂浆压切一次。一般需拌和 3～5 min（从加水完毕时算起）。

2. 机械拌和

（1）先拌适量砂浆（应与正式拌和的砂浆配合比相同），使搅拌机内壁粘附一薄层水泥砂浆，使正式拌和时的砂浆配合比成分准确。

（2）先称出各材料用量，再将砂、水泥装入搅拌机内。

（3）开动搅拌机，将水徐徐加入（混合砂浆需将石灰膏或粘土膏用水稀释至浆状），搅拌约 3 min（搅拌的用量不宜少于搅拌容量的 20%，搅拌时间不宜少于 2 min）。

（4）将砂浆拌合物倒入拌和铁板上，用拌铲翻拌约两次，使之均匀。

7.2 砂浆稠度测定

7.2.1 主要仪器设备

（1）砂浆稠度仪：由试锥、容器和支座三部分组成，如图 7－2－1 所示。试锥高度为 145 mm，锥底直径为 75 mm，试锥连同滑杆的重量为 300 g；盛砂浆容器高为 180 mm，锥底内径为 150 mm；支座分底座、支架及稠度显示三个部分。

（2）砂浆搅拌锅、铁铲、捣棒（直径 10 mm、长 350 mm、一端呈半球形的钢棒）。

（3）量筒、秒表等。

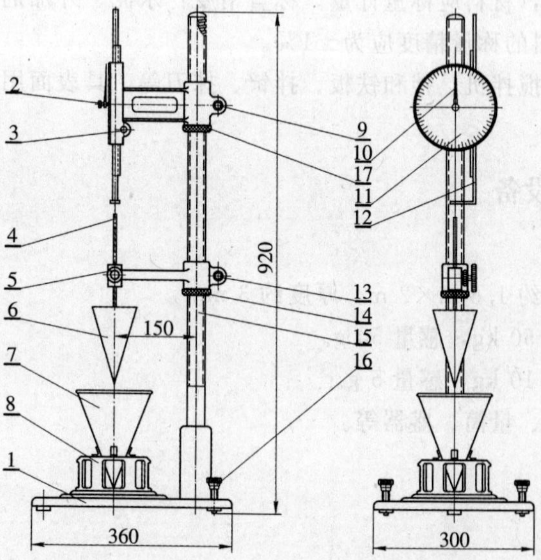

1-底盘；2-调节螺丝；3-齿条旋钮；4-试锥滑杆；5-试锥滑杆制动螺丝；6-试锥；7-圆锥形砂浆容器；8-容器座；9-表盘升降架；10-指针及调零螺钮；11-刻度盘；12-齿条测杆；13-手柄；14-试锥架；15-立柱；16-底盘水平调整螺丝；17-锁紧螺母

图 7-2-1 砂浆稠度测定仪(单位:mm)

7.2.2 试验步骤

(1) 将盛浆容器和试锥表面用湿布擦干净，检查滑杆能否自由滑动。

(2) 将砂浆拌合物一次装入容器，使砂浆表面低于容器口约 10 mm 左右，用捣棒自容器中心向边缘插捣 25 次，然后轻轻地将容器摇动或敲击 5～6 下，使砂浆表面平整，随后将容器置于稠度测定仪的底座上。

(3) 放松试锥滑杆的制动螺丝，使试锥尖端与砂浆表面接触，拧紧制动螺丝，使齿条侧杆下端刚好接触滑杆上端，并将指针对准零点上。

(4) 突然松开制动螺丝，使试锥自由沉入砂浆中，待 10 s 后立即固定螺丝，将齿条测杆下端接触滑杆上端，从刻度盘上读出下沉深度，精确至 1 mm，即为砂浆的稠度值。

圆锥形容器内的砂浆，只允许测定一次稠度，重复测定时，应重新取样测定。

7.2.3 结果评定

取两次试验结果的算术平均值作为砂浆稠度的测定结果，计算值精确至 1 mm。若两次试验值之差大于 20 mm，则应另取砂浆搅拌后重新测定。

7.3 砂浆分层度试验

7.3.1 试验目的

测定砂浆拌合物的分层度，以确定在运输及停放时砂浆拌合物的稳定性。

7.3.2 主要仪器设备

(1) 砂浆分层度仪：如图 7－3－1 所示。

(2) 砂浆稠度测定仪：如图 7－2－1 所示。

(3) 木锤、一端为弹头形的金属捣棒等。

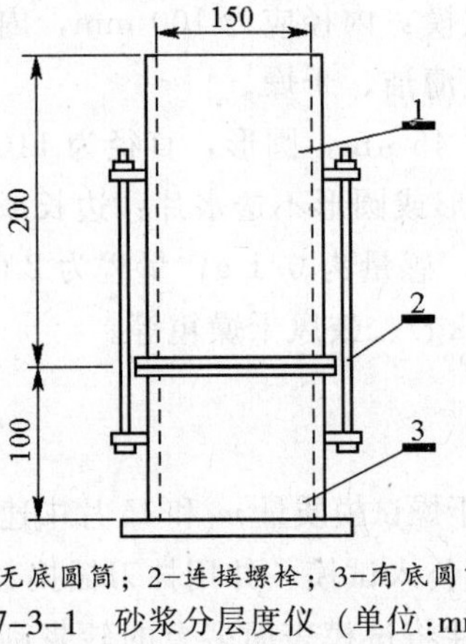

1－无底圆筒；2－连接螺栓；3－有底圆筒

图 7-3-1 砂浆分层度仪（单位：mm）

7.3.3 试验步骤

（1）先用前述方法测定砂浆的稠度（沉入度），把砂浆分层度仪上下圆筒连接在一起，旋紧连接螺栓的螺母。

（2）将拌好的砂浆一次装入砂浆分层度筒中，装满后，用木锤在分层度仪筒体距离大致相等的 4 个不同部位轻轻敲击 1～2 次，用同批拌制的砂浆将筒口装满，刮去多余的砂浆。

（3）用抹刀将筒口的砂浆沿筒口抹平；静止 30 min 后，旋松连接螺栓的螺母；除去上筒 200 mm 高的砂浆，剩余下筒 100 mm 砂浆重新拌和。

（4）再用 7.2.2 节中的方法测定砂浆的稠度（沉入度），精确至 1 mm。

7.3.4 结果计算与数据处理

取两次试验结果的算术平均值作为该批砂浆的稠度（沉入度）值，精确至 1 mm。若两次稠度（沉入度）测试值之差大于 20 mm，则应重新取样测试。分层度试验前、后稠度（沉入度）值之间的差值为分层度值。砌筑砂浆的分层度不得大于 30 mm。保水性良好的砂浆，其分层度应为 10～20 mm。分层度大于 20 mm 的砂浆容易离析，不便于施工；但分层度小于 10 mm 者，硬化后易产生干缩开缝。

7.4 砂浆保水性试验

7.4.1 试验目的

测定砂浆保水性能，作为衡量砂浆拌合物在运输、停放、使用过程中的离析、泌水等内部组分的稳定性，亦是砂浆和易性指标之一。

7.4.2 主要仪器设备

（1）金属或硬塑料圆环试模：内径应为 100 mm，内部高度应为 25 mm。

（2）可密封的取样器：应清洁、干燥。

（3）金属滤网：网格尺寸 45 μm，圆形，直径为 110±1 mm。

（4）2 片金属或玻璃的方形或圆形不透水片：边长或直径应大于 110 mm。

（5）天平：量程为 200 g，感量为 0.1 g；量程为 2 000 g，感量为 1 g；

（6）超白滤纸、重物（2 kg）、鼓风干燥箱等。

7.4.3 试验步骤

（1）称量底部不透水片与干燥试模质量 m_1 和 15 片中速定性滤纸质量 m_2，精确至 1 g。

（2）将砂浆拌合物一次性装入试模，并用抹刀插捣数次，当装入的砂浆略高于试模边缘时，用抹刀以 45°角一次性将试模表面多余的砂浆刮去，然后再用抹刀以较平的角度在试模表面反方向将砂浆刮平。

(3) 抹掉试模边的砂浆，称量试模、底部不透水片与砂浆总质量 m_3，精确至 1 g。

(4) 用金属滤网覆盖在砂浆表面，再在滤网表面放上 15 片滤纸，用上部不透水片盖在滤纸上，以 2 kg 的重物把上部不透水片压住。

(5) 静置 2 min 后移走重物及上部不透水片，取出滤纸（不包括滤网），迅速称量滤纸质量 m_4，精确至 1 g。

(6) 按照砂浆的配比及加水量计算砂浆的含水率。当无法计算时，可按照 7.4.5 节中的规定测定砂浆含水率。

7.4.4　结果计算及处理

砂浆保水率 W 按式（7—4—1）计算（精确至 0.1%）：

$$W=\left[1-\frac{m_4-m_2}{a\times(m_3-m_1)}\right]\times 100 \qquad (7-4-1)$$

式中：W —— 砂浆保水率（%）；

m_1 —— 底部不透水片与干燥试模质量（g）；

m_2 —— 15 片滤纸吸水前的质量（g）；

m_3 —— 试模、底部不透水片与砂浆总质量（g）；

m_4 —— 15 片滤纸吸水后的质量（g）；

a —— 砂浆含水率（%）。

7.4.5　砂浆含水率的测定

测定砂浆含水率时，应称取 100±10 g 砂浆拌合物试样，置于一干燥并已称重的盘中，在 105±5 ℃的鼓风干燥箱中烘干至恒重。

砂浆含水率 a 按式（7—4—2）计算（精确至 0.1%）：

$$a=\frac{m_6-m_5}{m_6}\times 100 \qquad (7-4-2)$$

式中：a —— 砂浆含水率（%）；

m_5 —— 烘干后砂浆样本的质量（g）；

m_6 —— 砂浆样本的质量（g）。

取两次试验结果的算术平均值作为砂浆的含水率，当两个测定值之差超过 2%时，此组试验结果应为无效。

7.5　砂浆立方体抗压强度试验

7.5.1　试验目的

测试砂浆的抗压强度是否达到设计要求。

7.5.2 主要仪器设备

(1) 压力试验机：采用精度（示值的相对误差）不大于±2%的试验机，其量程应能使试件的预期破坏荷载值不小于全量程的20%，也不大于全量程的80%。

(2) 砂浆试模：尺寸为70.7 mm×70.7 mm×70.7 mm的带底试模。

(3) 钢捣棒：直径10 mm，长350 mm，端头磨圆。

(4) 振动台：空载中台面的垂直振幅应为0.5±0.05 mm，空载频率应为50±6 Hz，一次试验应至少能固定3个试模。

(5) 批灰刀、抹刀、大面平整的粘土砖、刷子。

7.5.3 试件制备

(1) 应采用立方体试件，每组试件应为3个。

(2) 应采用黄油等密封材料涂抹试模的外接缝，试模内涂刷薄层机油或隔离剂。

(3) 砂浆拌好后一次性装满砂浆试模，当稠度大于50 mm时，用捣棒均匀地由边缘向中心按螺旋方式插捣25次。插捣过程中，当砂浆沉落低于试模口时，应随时添加砂浆，可用批灰刀插捣数次，并用手将试模一边抬高5～10 mm各振动5次，砂浆应高出试模顶面6～8 mm。当稠度不大于50 mm时，将试模放置到振动台上，振动时试模不得跳动，振动5～10 s或持续到表面泛浆为止，不得过振。

(4) 待表面水分稍干后，再将高出试模部分的砂浆沿试模顶面刮去并抹平。

7.5.4 试件养护

(1) 试件制作完成后，应在温度为20±5 ℃的环境下静置24±2 h，对试件进行编号、拆模。当气温较低时，或者凝结时间大于24 h的砂浆，可适当延长时间，但不应超过2 d。

(2) 试件拆模后，应立即放入温度为20±2 ℃、相对湿度为90%以上的标准养护室中养护。养护期间，试件彼此间隔不得小于10 mm，混合砂浆、湿拌砂浆试件上面应覆盖，防止有水滴在试件上。

(3) 从搅拌加水开始计时，标准养护龄期应为28 d，也可根据相关标准要求增加7 d或14 d。

7.5.5 试验方法与步骤

(1) 将试样从养护地点取出后应尽快进行试验。试验前应将试件表面擦拭干净，测量尺寸，检查其外观，并应计算试件的承压面积。当实测尺寸与公称尺寸之差不超过1 mm时，可按公称尺寸进行计算。

(2) 将试件安放在试验机的下压板或下垫板上，试件的承压面应与成型时的顶面垂直，试件中心应与试验机下压板或下垫板中心对准。

(3) 开动压力机，当上压板与试件或上垫板接近时，调整球座，使接触面均衡受压。承压试验应连续而均匀地加荷，加荷速度应为0.25～1.5 kN/s；当砂浆强度不大于 2.5 MPa 时，宜取下限。当试件接近破坏而开始迅速变形时，停止调整试验机油门，直至试件破坏，然后记录破坏荷载 N。

7.5.6　结果计算及处理

（1）砂浆立方体抗压强度 $f_{m,cu}$ 按式（7—5—1）计算（精确至 0.1 MPa）：

$$f_{m,cu}=K\frac{N_u}{A} \tag{7—5—1}$$

式中：$f_{m,cu}$——砂浆立方体试件抗压强度（MPa）；

N_u——试件破坏荷载（N）；

A——试件承压面积（mm^2）；

K——换算系数（取 1.35）。

（2）应以 3 个试件测值的算术平均值作为该组试件的砂浆立方体抗压强度平均值，精确至 0.1 MPa。当 3 个测值的最大值或最小值中有一个与中间值的差值超过中间值的 15%时，应把最大值及最小值一并舍去，取中间值作为该组试件的抗压强度值；当两个测值与中间值的差值均超过中间值的 15%时，该组试验结果应为无效。

7.5.7　砂浆强度检验评定

（1）每一检验批不超过 250 m^3。砌体的各种类型及强度等级的砌筑砂浆，每台搅拌机应至少抽检 次。

（2）在施工现场砂浆搅拌机出料口随机取样制作砂浆试件（同盘砂浆只应做一组试件）。

（3）砂浆强度应以标准养护、龄期为 28 d 的试件抗压试验结果为准。

同一验收批的砌筑砂浆试件强度验收时，其强度合格标准应同时符合下列要求：

$$f_{2,m}\geqslant f_2 \tag{7—5—2}$$

$$f_{2,min}\geqslant 0.75f_2 \tag{7—5—3}$$

式中：$f_{2,m}$—— 同一验收批中砂浆试件立方体抗压强度平均值（MPa）；

f_2—— 验收批砂浆设计强度等级所对应的立方体抗压强度（MPa）；

$f_{2,min}$—— 同一验收批中砂浆试件立方体抗压强度的最小一组平均值（MPa）。

（4）砌筑砂浆的验收批，同一类型、强度等级的砂浆试件应不少于 3 组。当同一验收批只有一组试件时，该组试件抗压强度的平均值，必须大于或等于设计强度等级所对应的立方体抗压强度。

试验 8　烧结普通砖试验

要求：了解烧结普通砖质量检验的方法，判断所用烧结普通砖质量是否合格。

烧结普通砖按主要原料分为粘土砖（N）、页岩砖（Y）、煤矸石砖（M）和粉煤灰砖（F）。根据抗压强度分为 MU30、MU25、MU20、MU15、MU10 五个强度等级。强度、抗风化性能和放射性物质合格的砖，根据尺寸偏差、外观质量、泛霜和石灰爆裂分为优等品（A）、一等品（B）、合格品（C）三个质量等级。优等品适用于清水墙和装饰墙，一等品、合格品可用于混水墙。中等泛霜的砖不能用于潮湿部位。

烧结普通砖的外形为直角六面体，其公称尺寸为：长 240 mm、宽 115 mm、高 53 mm。常用配砖规格为：175 mm×115 mm×53 mm。配砖和装饰砖的其他规格由供需双方协商确定。

砖的产品标记按产品名称、类别、强度等级、质量等级和标准编号顺序编写。示例：烧结普通砖，强度等级 MU15，一等品的粘土砖，其标记为：烧结普通砖 NMU15 B GB5101。

8.1　取样方法

检验批的构成原则和批量大小按规定执行。3.5 万～15 万块砖为一批，不足 3.5 万块按一批计。

外观质量检验的试样采用随机抽样法，在每一检验批的产品堆垛中抽取。

尺寸偏差检验和其他检验项目的样品用随机抽样法从外观质量检验后的样品中抽取，抽取数量按表 8－1－1 进行。

表 8—1—1 抽样数量表

序号	检验项目	抽样数量（块）
1	外观质量	50（$n_1=n_2-50$）
2	尺寸偏差	20
3	强度等级	10
4	泛霜	5
5	石灰爆裂	5
6	吸水率和饱和系数	5
7	冻融	5
8	放 射 性	4

8.2 尺寸偏差测量

8.2.1 主要仪器设备

砖用卡尺：分度值为 0.5 mm，如图 8—2—1 所示。

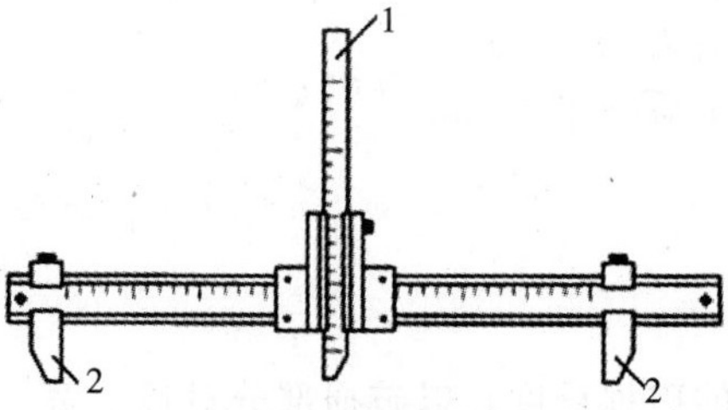

1—垂直尺；2—支脚

图 8-2-1 砖用卡尺

8.2.2 测量方法

长度应在砖的两个大面的中间处分别测量两个尺寸；宽度应在砖的两个大面的中间处分别测量两个尺寸；高度应在两个条面的中间处分别测量两个尺寸，如图 8—2—2 所示。当被测处有缺陷或凸出时，可在其旁边测量，但应选择不利的一侧，并精确至 0.5 mm。

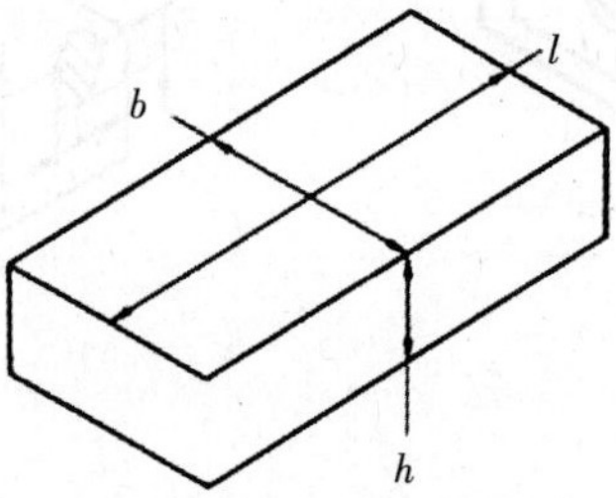

l—长度；*b*—宽度；*h*—高度

图 8-2-2 尺寸量法

8.2.3 结果处理与评定

每一方向尺寸以两个测量值的算术平均值表示。

烧结普通砖的尺寸允许偏差应符合表 8－2－1 的规定。

表 8－2－1 尺寸允许偏差表

公称尺寸	优等品		一等品		合格品	
	样本平均偏差/mm	样本极差≤/mm	样本平均偏差/mm	样本极差≤/mm	样本平均偏差/mm	样本极差≤/mm
240	±2.0	6	±2.5	7	±3.0	8
115	±1.5	5	±2.0	6	±2.5	7
53	±1.5	4	±1.6	5	±2.0	6

8.3 外观质量检查

8.3.1 主要仪器设备

（1）砖用卡尺：分度值为 0.5 mm。

（2）钢直尺：分度值不应大于 1 mm。

8.3.2 外观质量检查

（1）缺损

缺棱掉角在砖上造成的破损程度，以破损部分对长、宽、高三个棱边的投影尺寸来度量，称为破坏尺寸，如图 8－3－1 所示。缺损造成的破坏面，是指缺损部分对条、顶面（空心砖为条、大面）的投影面积，如图 8－3－2 所示。空心砖内壁残缺及肋残缺尺寸，以长度方向的投影尺寸来度量。

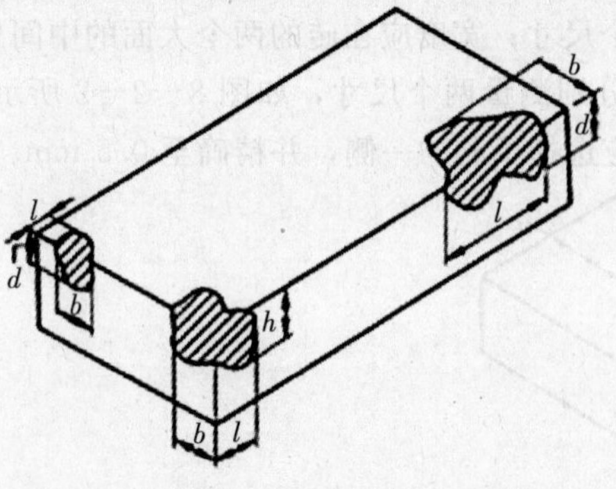

l—长度方向的投影尺寸；*b*—宽度方向的投影尺寸；*h*—高度方向的投影尺寸

图 8-3-1 缺棱掉角破坏尺寸量法

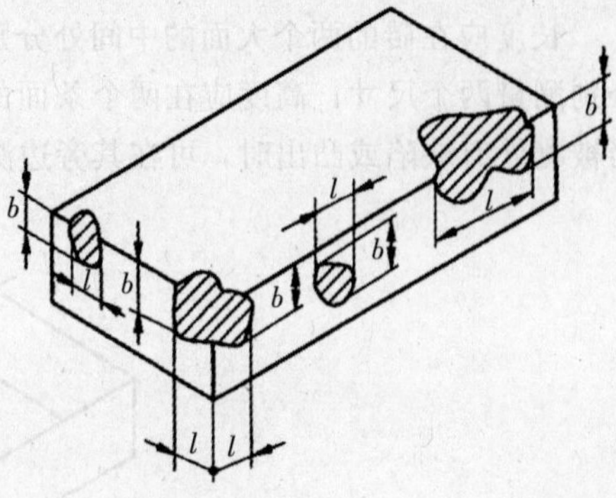

l—长度方向的投影尺寸；*b*—宽度方向的投影尺寸

图 8-3-2 缺损在条、顶面上造成破坏面量法

（2）裂纹

裂纹分为长度方向、宽度方向和水平方向 3 种，以被测方向的投影长度表示。如果裂纹从一个面延伸至其他面上时，则累计其延伸的投影长度，如图 8－3－3 所示。多孔砖的孔洞与裂纹相通时，则将孔洞包括在裂纹内一并测量，如图 8－3－4 所示。裂纹长度以在 3 个方向上分别测得的最长裂纹作为测量结果。

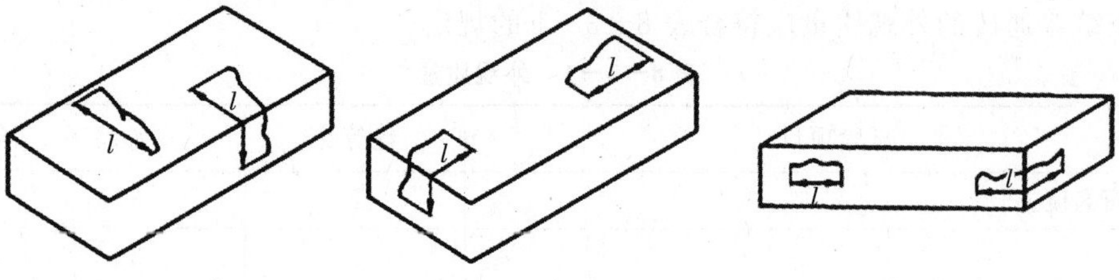

(a)宽度方向裂纹长度量法　(b)长度方向裂纹长度量法　(c)水平方向裂纹长度量法

图 8-3-3　裂纹长度量法

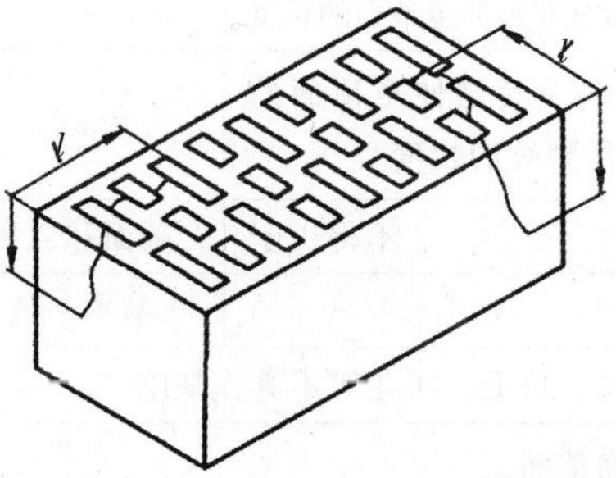

图 8-3-4　多孔砖裂纹通过孔洞时长度量法

（3）弯曲

弯曲分别在大面和条面上测量，测量时，将砖用卡尺的两支脚沿棱边两端放置，择其弯曲最大处将垂直尺推至砖面，如图 8－3－5 所示，但不应将因杂质或碰伤造成的凹处计算在内，以弯曲中测得的较大者作为测量结果。

（4）杂质凸出高度

杂质在砖面上造成的凸出高度，以杂质距砖面的最大距离表示。测量时，将砖用卡尺的两支脚置于凸出两边的砖平面上，以垂直尺测量，如图 8－3－6 所示。

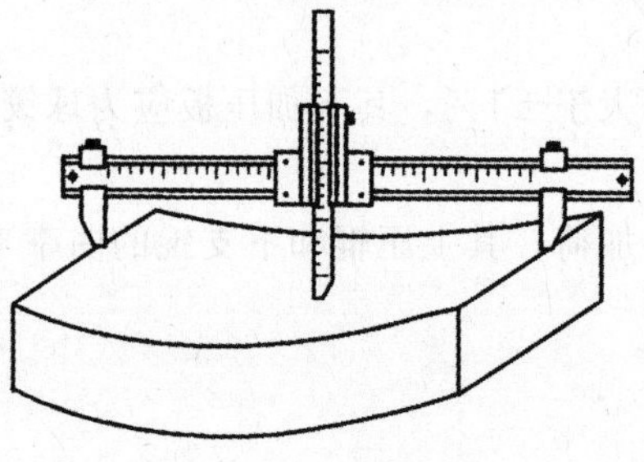

图 8-3-5　弯曲量法

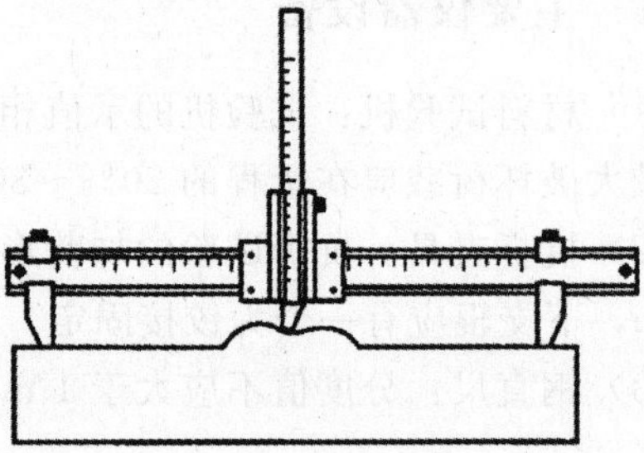

图 8-3-6　杂质凸出量法

（5）色差

装饰面朝上，随机分两排并列，在自然光下距离砖样 2 m 处目测。

8.3.3 结果处理与评定

外观测量结果以 mm 为单位，不足 1 mm 者，按 1 mm 计。

烧结普通砖的外观质量应符合表 8－3－1 的规定。

表 8－3－1 外观质量

试验项目		优等品	一等品	合格品
两条面高度差	≤	2	3	4
弯曲	≤	2	3	4
杂质凸出高度	≤	2	3	4
缺棱掉角的 3 个破坏尺寸	不得同时大于	5	20	30
裂纹长度 ≤	（1）大面上宽度方向及其延伸至条面的长度	30	60	80
	（2）大面上长度方向及其延伸至顶面的长度或条顶面上水平裂纹的长度	50	80	100
完整面	不得少于	二条面和二顶面	一条面和一顶面	
颜色		基本一致		

注：为装饰而施加的色差、凹凸纹、拉毛、压花等不算作缺陷

凡有下列缺陷之一者，不得称为完整面。

（1）缺陷在条面或顶面上造成的破坏面尺寸同时大于 10 mm×10 mm。

（2）条面或顶面上裂纹宽度大于 1 mm，其长度超过 30 mm。

（3）压陷、粘底、焦花在条面或顶面上的凹陷或凸出超过 2 mm，区域尺寸同时大于 10 mm×10 mm

8.4 抗折强度试验

8.4.1 主要仪器设备

（1）材料试验机：试验机的示值相对误差不大于±1%，其下加压板应为球铰支座，预期最大破坏荷载应在量程的 20%～80%之间。

（2）抗折夹具：抗折试验的加荷形式为三点加荷，其上压辊和下支辊的曲率半径为 15 mm，下支辊应有一个为铰接固定。

（3）钢直尺：分度值不应大于 1 mm。

8.4.2 试验步骤

（1）试样应放在温度为 20±5 ℃的水中浸泡 24 h 后取出，用湿布拭去其表面水分

再进行抗折强度试验。

(2) 测量试样的宽度和高度尺寸各2个，分别取算术平均值，精确至1 mm。

(3) 调整抗折夹具下支辊的跨距为砖规格长度减去40 mm，如图8—4—1所示。但规格长度为190 mm的砖，其跨距为160 mm。

(4) 将试样大面平放在下支辊上，试样两端面与下支辊的距离应相同，当试样有裂缝或凹陷时，应使有裂缝或凹陷的大面朝下，以50～150 N/s的速度均匀加荷，直至试样断裂，纪录最大破坏荷载 F。

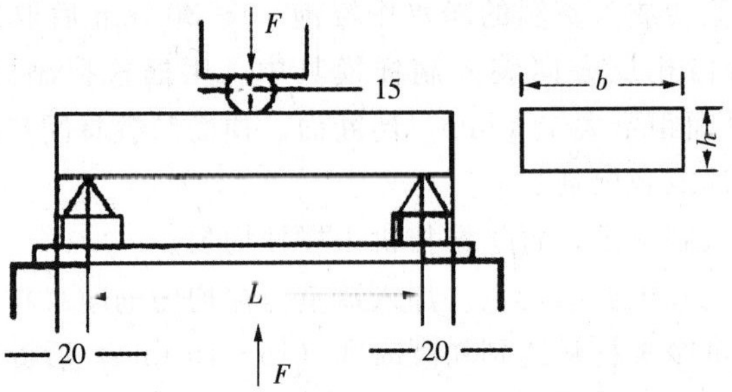

图8-4-1 砖的抗折强度(荷重)试验示意图（单位:mm）

8.4.3 结果计算与评定

每块试样的抗折强度 f_m 按式（8—4—1）计算（精确至0.1MPa）：

$$f_m = \frac{3FL}{2bh^2} \tag{8-4-1}$$

式中：f_m —— 抗折强度（MPa）；

F —— 最大破坏载荷（N）；

L —— 跨距（mm）；

b —— 试样宽度（mm）；

h —— 试样高度（mm）。

试验结果以试样抗折强度的算术平均值和单块最小值表示。

8.5 抗压试验强度

8.5.1 主要仪器设备

(1) 材料试验机：试验机的示值相对误差不大于±1%，其上、下加压板至少应有一个球铰支座，预期最大破坏荷载应在量程的20%～80%之间。

(2) 钢直尺：分度值不应大于1 mm。

(3) 振动台、制样模具、搅拌机。

(4) 抗压强度试验用净浆材料。

8.5.2 试样制备

(1) 一次成型制样

一次成型制样适用于采用样品中间部位切割，交错叠加灌浆制成强度试验试样的方式。

将试样锯成两个半截砖，两个半截砖用于叠合部分的长度不得小于 100 mm，如果不足 100 mm，应另取备用试样补足。

将已切割开的半截砖放入室温的净水中浸泡 20～30 min 后取出，在铁丝网架上滴水 20～30 min，以断口相反方向装入制样模具中。用插板控制两个半砖间距不大于 5 mm，砖大面与模具间距不大于 3 mm，砖断面、顶面与模具间垫以橡胶垫或其他密封材料，模具内表面涂油或脱模剂。

将净浆材料按照配制要求，置于搅拌机中搅拌均匀。

将装好试样的模具置于振动台上，加入适量搅拌均匀的净浆材料，振动0.5～1 min 后，停止振动，静置至净浆材料达到初凝时间（15～19 min）后拆模。

(2) 二次成型制样

二次成型制样适用于采用整块样品上下表面灌浆制成强度试验试样的方式。

将整块试样放入室温的净水中浸泡 20～30 min 后取出，在铁丝网架上滴水 20～30 min。

将净浆材料按照配制要求，置于搅拌机中搅拌均匀。

模具内表面涂油或脱模剂，加入适量搅拌均匀的净浆材料，将整块试样的一个承压面与净浆接触，装入制样模具中，承压面找平层厚度不大于 3 mm。接通振动台电源，振动 0.5～1 min 后，停止振动，静置至净浆材料初凝（15～19 min）后拆模。按同样方法完成整块试样另一承压面的找平。

(3) 非成型制样

非成型制样适用于试样无需进行表面找平处理制样的方式。

将试样锯成两个半截砖，两个半截砖用于叠合部分的长度不得小于 100 mm。如果不足 100 mm 时，应另取备用试样补足。

两半截砖切断口相反叠放，叠合部分不得小于 100 mm，即为抗压强度试样。

8.5.3 试件养护

一次成型制样、二次成型制样在不低于 10 ℃的不通风室内养护 4 h。

非成型制样不需养护，试样气干状态直接进行试验。

8.5.4 试验步骤

(1) 测量每个试样连接面或受压面的长、宽尺寸各两个，分别取其平均值，精确至1 mm。

(2) 将试样平放在加压板的中央，垂直于受压面加荷，应均匀平稳，不得发生冲击或振动。加荷速度以 2～6 kN/s 为宜，加荷直至试件破坏为止，如图 8−5−1 所示。记

录最大破坏载荷 F。

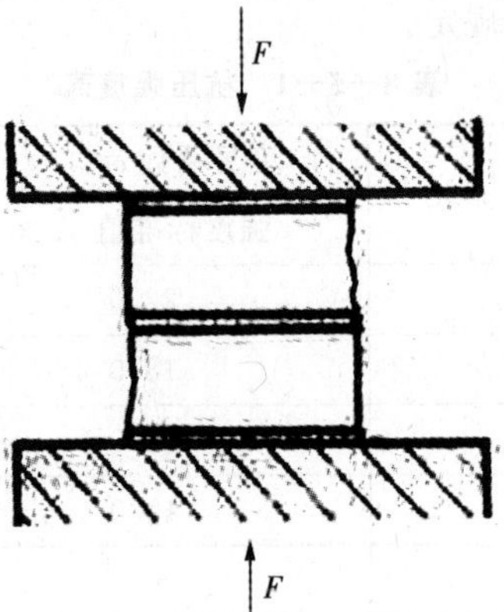

图 8-5-1　烧结普通砖抗压强度试验示意图

8.5.5　结果计算与评定

（1）每块试样的抗压强度 f_i 按式（8—5—1）计算（精确至 0.01 MPa）：

$$f_i = \frac{F}{lb} \tag{8—5—1}$$

式中：f_i—— 抗压强度（MPa）；

F —— 最大破坏载荷（N）；

l —— 受压面（连接面）的长度（mm）；

b —— 受压面（连接面）的宽度（mm）。

试验结果以试样抗压强度的算术平均值和标准值或单块最小值表示。

（2）试样的强度标准差 s 按式（8—5—2）计算，强度变异系数 δ 按式（8—5—3）计算（精确至 0.01）：

$$s = \sqrt{\frac{1}{9}\sum_{i=1}^{10}(f_i - \overline{f})^2} \tag{8—5—2}$$

$$\delta = \frac{s}{\overline{f}} \tag{8—5—3}$$

式中：δ ——砖强度变异系数；

s ——10 块试样的抗压强度标准差（MPa）；

$\overline{f}$ ——10 块试样的抗压强度平均值（MPa）；

f_i——单块试样抗压强度测定值（MPa）。

（3）当变异系数 $\delta \leqslant 0.21$ 时，按抗压强度表中抗压强度平均值 $\overline{f}$、强度标准值 f_k 评定砖的强度等级。

样本量 $n=10$ 时的强度标准值按式（8—5—4）计算（精确至 0.1）：

$$f_k = \overline{f} - 1.8s \tag{8—5—4}$$

式中：f_k——强度标准值（MPa）。

（4）当变异系数 $\delta > 0.21$ 时，按抗压强度表中抗压强度平均值 $\overline{f}$、单块最小抗压强度值评定砖的强度等级，单块最小抗压强度值精确至 0.1 MPa。

强度应符合表 8－5－1 的规定。

表 8－5－1　抗压强度表

强度等级	抗压强度平均值 $\overline{f}\geqslant$	变异系数 $\delta\leqslant0.21$	变异系数 $\delta>0.21$
		强度标准值 $f_k\geqslant$	单块最小抗压强度值≥
MU30	30.0	22.0	25.0
MU25	25.0	18.0	22.0
MU20	20.0	14.0	16.0
MU15	15.0	10.0	12.0
MU10	10.0	5.5	8.5

8.6　吸水率和饱和系数试验

8.6.1　主要仪器设备

(1) 鼓风干燥箱：能使温度控制在 105±5 ℃；

(2) 台秤：分度值不应大于 5 g；

(3) 蒸煮箱。

8.6.2　试样数量

吸水率试验为 5 块，饱和系数试验为 5 块（所取试样尽可能用整块试样，如需制取应为整块试样的 1/2 或 1/4）。

8.6.3　试验步骤

(1) 清理试样表面，然后置于 105±5 ℃鼓风干燥箱中干燥至恒量（在干燥过程中，前后两次称量相差不超过 0.2%，前后两次称量时间间隔为 2 h），除去粉尘后，称其烘干质量 m_0。

(2) 将干燥试样浸入水中 24 h，水温 10～30 ℃。

(3) 取出试样，用湿布拭去表面水分，立即称量。称量时，试样表面毛细孔渗出于称盘中水的质量也应计入吸水质量中，所得质量为浸泡 24 h 的湿质量 m_{24}。

(4) 将浸泡 24 h 后的湿试样侧立放入蒸煮箱的篦子板上，试样间距不得小于 10 mm，注入清水，箱内水面应高于试样表面 50 mm，加热至沸腾，沸煮 3 h，饱和系数试样沸煮 5 h 后停止加热冷却至常温。

(5) 称量沸煮 3 h 的湿质量 m_3，饱和系数试验称量沸煮 5 h 的湿质量 m_5。

8.6.4　结果计算与评定

（1）常温水浸泡 24 h 试样吸水率 W_{24} 按式（8－6－1）计算（精确至 0.1%）：

$$W_{24}=\frac{m_{24}-m_0}{m_0}\times 100 \tag{8－6－1}$$

式中：W_{24}—— 常温水浸泡 24 h 试样吸水率（%）；

m_0—— 试样干质量（kg）；

m_{24}—— 试样浸水 24 h 的湿质量（kg）。

（2）试样沸煮 3 h 吸水率 W_3 按式（8－6－2）计算（精确至 0.1%）：

$$W_3=\frac{m_3-m_0}{m_0}\times 100 \tag{8－6－2}$$

式中：W_3—— 试样沸煮 3 h 吸水率（%）；

m_0—— 试样干质量（kg）；

m_3—— 试样沸煮 3 h 的湿质量（kg）。

（3）每块试样的饱和系数 K 按式（8－6－3）计算（精确至 0.01）：

$$K=\frac{m_{24}-m_0}{m_5-m_0} \tag{8－6－3}$$

式中：K —— 试样饱和系数；

m_{24}—— 常温水浸泡 24 h 试样湿质量（kg）；

m_0—— 试样干质量（kg）；

m_5—— 试样沸煮 5 h 的湿质量（kg）。

（4）吸水率以试样的算术平均值表示，饱和系数以试样的算术平均值表示。

8.7　冻融试验

8.7.1　主要仪器设备

（1）低温箱或冷冻室：试样放入箱（室）内温度可调至－20 ℃或－20 ℃以下；

（2）水槽：保持槽中水温 10～20 ℃为宜；

（3）台秤：分度值不大于 5 g；

（4）鼓风干燥箱：能使温度控制在 105±5 ℃；

（5）抗压强度试验设备。

8.7.2　试样数量

试样数量为 10 块，其中 5 块用于冻融试验，5 块用于未冻融强度对比试验。

8.7.3 试验步骤

（1）用毛刷清理试样表面，将试样放入鼓风干燥箱中，在 105±5 ℃下干燥至恒量（在干燥过程中，前后两次称量相差不超过 0.2%，前后两次称量时间间隔为 2 h），称其质量 m_0，并检查外观，将缺棱掉角和裂纹作标记。

（2）将试样浸在 10～20 ℃的水中，24 h 后取出，用湿布拭去表面水分，以大于20 mm的间距大面侧向立放于预先降温至－15 ℃以下的冷冻箱中。

（3）当箱内温度再降至－15 ℃时开始计时，在－15～－20 ℃下冰冻：烧结砖冻 3 h；非烧结砖冻 5 h，然后取出放入 10～20 ℃的水中融化：烧结砖为 2 h，非烧结砖为 3 h。如此为一次冻融循环。

（4）每 5 次冻融循环，检查一次冻融过程中出现的破坏情况，如冻裂、缺棱、掉角、剥落等。冻融循环后，检查并记录试样在冻融过程中的冻裂长度，缺棱掉角和剥落等破坏情况。

（5）经 15 次冻融循环后的试样，放入鼓风干燥箱中，按开始步骤干燥至恒量，称其质量 m_1。

（6）若试样在冻融过程中，发现试样呈明显破坏，应停止本组样品的冻融试验，并记录冻融次数，判定本组样品冻融试验不合格。

（7）对干燥后的试样和未经冻融的试样分别进行抗压强度试验。

8.7.4 结果计算与评定

（1）外观结果：冻融循环结束后，检查并记录试样在冻融过程中的冻裂长度、缺棱掉角和剥落等破坏情况。

（2）强度损失率 P_m 按式（8－7－1）计算（精确至 0.1%）：

$$P_m = \frac{P_0 - P_1}{P_0} \times 100\% \tag{8-7-1}$$

式中：P_m—— 强度损失率（%）；

P_0—— 试样未冻融强度（MPa）；

P_1—— 试样冻融后强度（MPa）。

（3）质量损失率 G_m 按式（8－7－2）计算（精确至 0.1%）：

$$G_m = \frac{m_0 - m_1}{m_0} \times 100\% \tag{8-7-2}$$

式中：G_m—— 质量损失率（%）；

m_0—— 试样冻融前干质量（kg）；

m_1—— 试样冻融后干质量（kg）。

（4）试验结果以试样冻后抗压强度或抗压强度损失率、冻后外观质量或质量损失率来表示与评定。

冻融试验后，每块砖样不允许出现裂纹、分层、掉皮、缺棱、掉角等冻坏现象；质量损失不得大于 2%。

试验 9　沥青试验

要求：了解沥青三大指标的概念、掌握沥青三大指标的测定方法，并能根据测定结果评定沥青的技术等级。

9.1　取样方法及数量

将石油沥青从桶、袋、箱中取样时应在样品表面以下及容器侧面以内至少 5 cm 处采集。若沥青是能够打碎的固体块状物态，可以用洁净的适当工具将其打碎后取样；若沥青呈较软的半固态，则需用洁净的适当工具将其切割后取样。

（1）同批产品的取样数量

当能确认供取样用的沥青产品是同一厂家、同一批号生产的产品时，应随机取出一件按前述取样方法取样约 4 kg 供试验用。

（2）非同批产品的取样数量

当不能确认供取样用的沥青产品是同一批生产的产品，须按随机取样的原则，选出若干件沥青产品后再按前述之取样方法进行取样。沥青供取样件数应等于沥青产品总件数的立方根。表 9－1－1 给出了不同装载件数所要取出的样品件数，每个样品的质量应不小于 0.1 kg。这样取出的样品经充分混合后取出 4 kg 供试验用。

表 9－1－1　石油沥青取样件数表

装载件数	2～8	9～27	28～64	65～126	127～216	217～343	344～512	513～729	730～1 000	1 001～1 331
取样件数	2	3	4	5	6	7	8	9	10	11

9.2　石油沥青的针入度检验

石油沥青的针入度以标准针在一定荷重、时间及温度条件下垂直穿入沥青试样的深度来表示，单位为 1/10 mm。非经另行规定，标准针、针连杆与附加砝码的总质量为 100±0.1 g，测实时要求温度为 25 ℃，时间为 5 s。

9.2.1 试验目的

测定针入度小于 350 的石油沥青的针入度，以确定沥青的粘稠程度。

9.2.2 主要仪器设备

（1）针入度计：凡允许针连杆在无明显摩擦下垂直运动，并且能穿入深度准确至 0.1 mm的仪器均可应用。针连杆质量应为47.5±0.05 g，针和针连杆组合件总质量应为50±0.05 g。针入度计附带 50±0.05 g 和 100±0.05 g 砝码各一个。仪器设有放置平底玻璃皿的平台，并有可调水平的机构，针连杆应与平台相垂直。仪器设有针连杆制动按钮，按下按钮，针连杆可自由下落。针连杆易于卸下，以便检查其质量，如图 9－2－1（a）所示。

（2）标准针：应由硬化回火的不锈钢制成，洛氏硬度为 54～60。其各部分尺寸如图 9－2－1（b）所示。

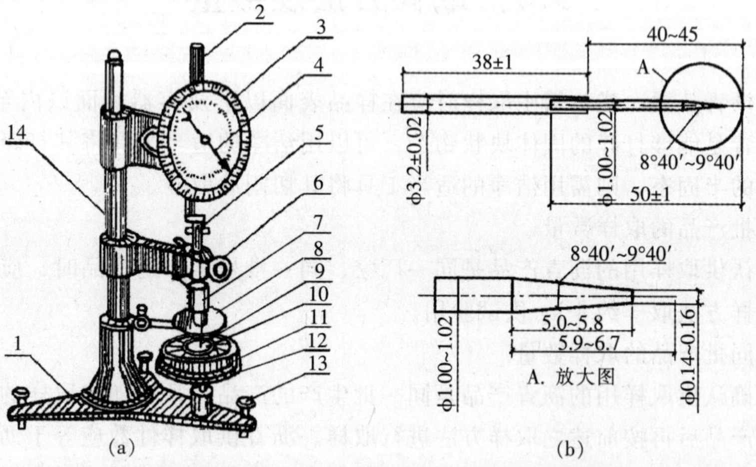

1－底座；2－活杆；3－刻度盘；4－指针；5－连杆；6－按钮；7－砝码；8－标准针；
9－小镜；10－试样；11－保温皿；12－圆形平台；13－调平螺丝；14－立杆

图 9-2-1　沥青针入度计及针入度标准针　(单位：mm)

（3）试样皿：所检测石油沥青针入度小于 200°时，用内径 55 mm、深 35 mm 的皿；所检测石油沥青针入度大于 200°小于 350°时，用内径 70mm、深 45mm 的皿；针入度在 300°～500°时，用内径 50 mm、内部深度 60 mm 的皿。

（4）恒温水浴：容量不小于 10 L，能保持温度在试验温度的±0.1 ℃范围内。水中应备有一个带孔的支架，位于水面下不少于 100 mm，距浴底不少于 50 mm 处。

（5）平底玻璃皿：容量不少于 0.5 L、深度要没过最大的试样皿。内设一个不锈钢三脚支架，能使试样皿稳定。

（6）秒表、温度计、金属皿或瓷柄皿、筛（筛孔为 0.3～0.5mm 的金属网）等。

9.2.3 试样准备

（1）将预先除去水分的试样在砂浴上加热并不断搅拌。加热时的温度不得超过预计软化点 90 ℃，时间不得超过 30 min。加热时用 0.3～0.5 mm 的金属滤网滤去试样中的杂质。

（2）将试样倒入规定大小的试样皿中，试样的倒入深度应大于预计针入深度10 mm以上。在 15～30 ℃的空气中静置，并防止落入灰尘。热沥青静置的时间为：采用大试样皿时为 1.5～2 h；采用小试样皿时为 1～1.5 h。

（2）将静置到规定时间的试样皿浸入保持测实温度的水浴中。浸入时间为：小试样 1～1.5 h，大试样 1.5～2 h。恒温的水应控制在试验温度±0.1 ℃的变化范围内，在某些条件不具备的场合，可以允许将水温的波动范围控制在±0.5 ℃以内。

9.2.4　试验方法与步骤

（1）调节针入度计的水平，检查针连杆和导轨，以确认无水和其他外来物，无明显摩擦。用甲苯或其他合适的溶剂清洗针，用干净布将其擦干，把针插入针连杆中固紧，并放好砝码。

（2）到恒温时间后，取出试样皿，放入水温控制在试验温度的平底玻璃皿中的三脚支架上，试样表面以上的水层高度应不小于 10 mm（平底玻璃皿可用恒温浴的水），将平底玻璃皿放于针入度计的平台上。

（3）慢慢放下针连杆，使针尖刚好与试样表面接触。必要时用放置在合适位置的光源反射来观察。拉下活杆，使与针连杆顶端相接触，调节针入度刻度盘使指针指零。

（4）用手紧压按钮，同时启动秒表，使标准针自由下落穿入沥青试样，到规定时间，停压按钮，使针停止移动。

（5）拉下活杆与针连杆顶端接触，此时刻度盘指针的读数即为试样的针入度。

（6）同一试样重复测定至少 3 次，各测定点及测定点与试样皿边缘之间的距离不应小于 10 mm。每次测定前应将平底玻璃皿放入恒温水浴中。每次测定换一根干净的针或取下针用甲苯或其他溶剂擦干净，再用干净布擦干。

（7）测定针入度大于 200°的沥青试样时，至少用 3 根针，每次测定后将针留在试样中，直至 3 次测定完成后，才能把针从试样中取出，如图 9—2—2 所示。

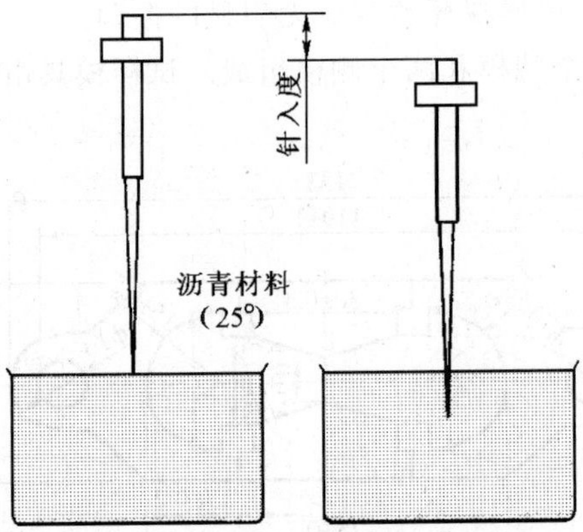

图 9-2-2　针入度测定示意图

9.2.5　结果计算与数据处理

（1）取 3 次测试所得针入度值的算术平均值，取至整数后作为最终测定结果。3 次测定值相差不应大于表 9－2－1 所列规定，否则应重做试验。

表 9－2－1　针入度测定最大差值表

针入度 /°	0～49	50～149	150～249	250～350
最大差值/°	2	4	6	10

（2）关于测定结果重复性与再现性的要求，详见表 9－2－2。

表 9－2－2　针入度测定值的要求

试样针入度/25 ℃	重复性	再现性
＜50	不超过 2 单位	不超过 4 单位
≥50	不超过平均值的 4%	不能超过平均值的 8%

若差值超过上述数值，试验应重做。

9.3　石油沥青的延度检验

石油沥青的延度是用规定的试样，在一定温度下以一定速度拉伸至断裂时的长度，以非经特殊说明，试验温度为 25±0.5 ℃，延伸速度为每分钟 5±0.25 cm。

9.3.1　试验目的

测定石油沥青的延度，以确定沥青的塑性。

9.3.2　主要仪器设备

（1）延度仪：能将试样浸没于水中带标尺的长方形容器，内部装有移动速度为 5±0.5 cm/min 的拉伸滑板。仪器在开动时应无明显的振动。

（2）试样模具：由两个端模和两个侧模组成。试样模具由黄铜制造，其形状尺寸如图 9－3－1 所示。

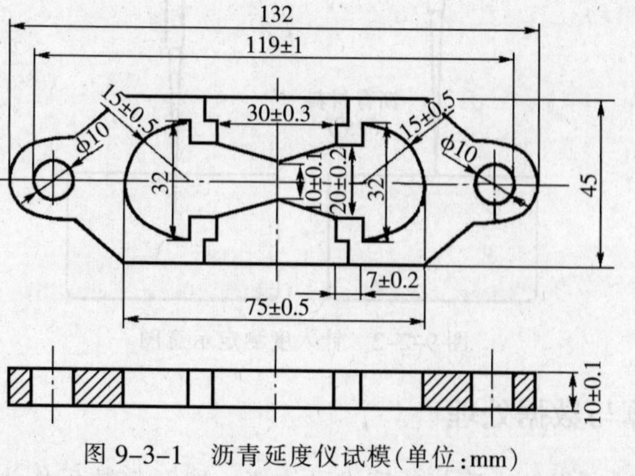

图 9–3–1　沥青延度仪试模(单位:mm)

(3) 水浴：容量至少为10 L，能够保持试验温度变化不大于0.1 ℃的玻璃或金属器皿，试样浸入水中深度不得小于100 mm，水浴中设置带孔搁架，搁架距浴底部不得小于50 mm。

(4) 瓷皿或金属皿：熔沥青用。

(5) 温度计、筛（筛孔为0.3～0.5 mm圆孔的金属网）、砂浴或可控制温度的密闭电炉、金属板。

(6) 甘油-滑石粉隔离剂（甘油2份，滑石粉1份，以质量计）、新煮沸过并冷却的蒸馏水、甘油等。

9.3.3 试样准备

(1) 将隔离剂拌和均匀，涂于磨光的金属板上及侧模的内侧面，将试模在金属垫板上组装并卡紧。

(2) 将除去水分的沥青试样放在砂浴上加热至熔化，搅拌，加热温度不得高于预计软化点110 ℃；将熔化的沥青用筛过滤，并充分搅拌，注意搅拌过程中勿使气泡混入。然后将试样自试模的一端至另一端往返多次，将沥青缓缓注入模中，并略高出试模的模具平面。

(3) 将浇注好的试样在15～30 ℃的空气中冷却30 min后，放入温度为25±0.1 ℃的水浴中，保持30 min后取出。用热刀将高出模具部分的多余沥青刮去，使沥青试样表面与模具齐平。沥青刮法应自模具的中间刮至两边，表面应刮得平整光滑。刮毕将试件连同金属板一并浸入25±0.1 ℃的水中并保持1～1.5 h。

9.3.4 试验方法与步骤

(1) 检查延度仪滑板的拉伸速度是否符合要求，然后移动滑板使其指针正对着标尺的零点。保持水槽中的水温为25±0.1 ℃。将试样移至延度仪水槽中，将模具两端的孔分别套在滑板及槽端的金属柱上，水面距试样表面不小于25 mm，然后去掉侧模。

(2) 确认延度仪水槽中水温为25±0.5 ℃，开动延度仪，此时仪器不得有振动。观察沥青的拉伸情况。在测定时，如发现沥青细丝浮于水面或沉入槽底时，则应在水中加入乙醇或食盐调整水的密度至与试样的密度相近后，再进行测定。

(3) 试样拉断时指针所指标尺上的读数，即为试样的延度，以cm表示。在正常情况下，应将试样拉伸成锥尖状，在断裂时实际横断面为零。如不能得到上述结果，则应报告在此条件下无测定结果。如图9—3—2所示。

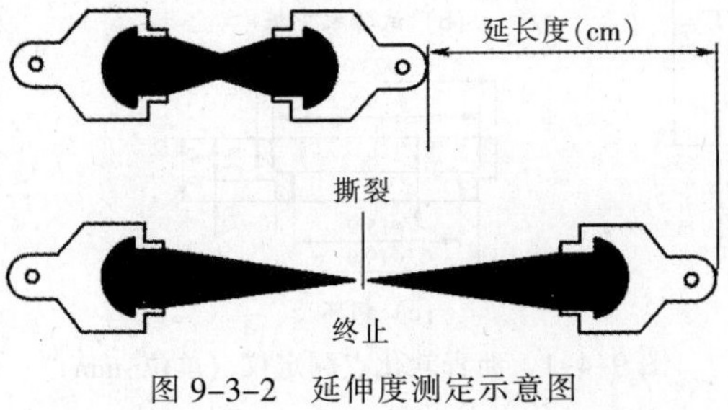

图9-3-2 延伸度测定示意图

9.3.5 结果计算与数据处理

取平行测定的 3 个结果的算术平均值作为沥青试样延度的测定结果。若 3 次测定值不在其平均值的±5%范围内，但其中两个较高值在±5%以内时，则应弃除最低测定值，取两个较高测试值的平均值作为测定结果。

沥青延度测试两次测定结果之差，重复性不超过平均值的 1%，再现性不超过平均值的 20%。

9.4 石油沥青的软化点检验

软化点测定时是将规定质量的钢球，放在装有沥青试样的铜环中心，在规定的加热速度和环境下，试样软化后包裹钢球坠落达一定高度时的温度，即为软化点。

9.4.1 试验目的

测定石油沥青的软化点，以确定沥青的耐热性。

9.4.2 主要仪器设备

（1）沥青软化点测定仪：如图 9－4－1 所示，钢球的直径为 9.53 mm，质量为 3.50±0.05 g。试样环是由黄铜制成的锥环或肩环，如图 9－4－1（b）所示。钢球定位器用黄铜制成，能使钢球定位于试样中央，如图 9－4－1（d）所示。支架由上、中及下承板和定位套组成。环可以水平地安放于中承板上的圆孔中，环的下边缘距下承板为 25.4 mm，其距离由定位套保证。3 块板用长螺栓固定在一起。

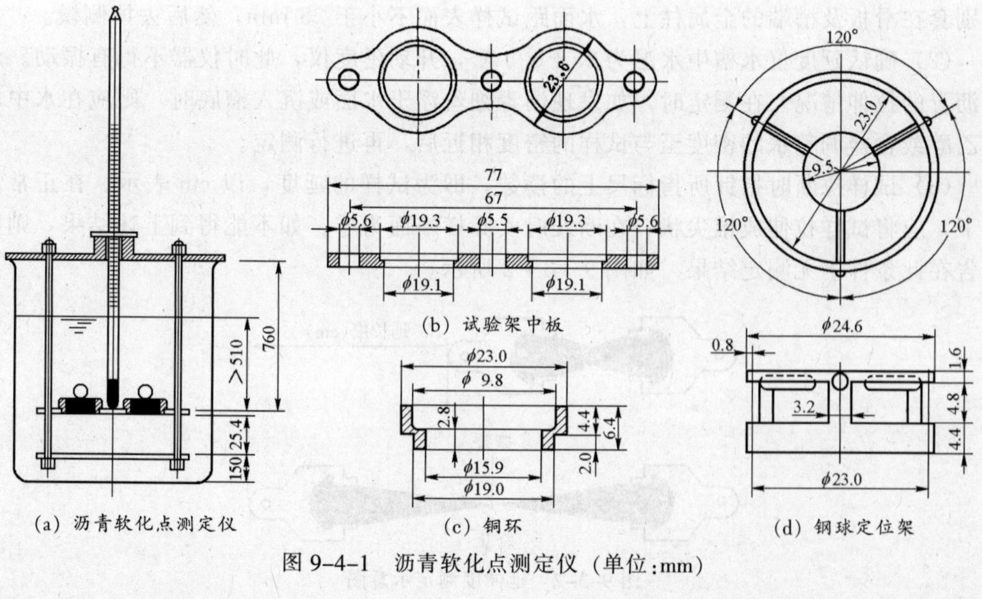

图 9-4-1 沥青软化点测定仪（单位:mm）

（2）电炉及其他加热器。

（3）金属板（一面必须磨光）或玻璃板、小刀、筛（筛孔为 0.3～0.5 mm 的金属网）。

（4）甘油-滑石粉隔离剂（甘油 2 份，滑石粉 1 份，以质量计）、新煮沸并冷却的蒸馏水、甘油等。

9.4.3　试样准备

（1）将选好的铜环置于涂有隔离剂的金属板或玻璃板上，将预先脱水的试样加热熔化，加热温度不得高于估计软化点 110 ℃，加热至倾倒温度的时间不得超过 2 h。搅拌过筛后将熔化沥青注入铜环内至沥青略高于环面为止，如估计软化点在 120 ℃以上，则将铜环与金属板预热至 80～100 ℃。

（2）将盛有试样的铜环及板置于盛满水（适合估计软化点不高于 80 ℃的试样）或甘油（适合估计软化点高于 80 ℃的试样）的保温槽内恒温 15 min，水温保持在 5±0.5 ℃；甘油温度保持在 32±1 ℃。同时，钢球也置于恒温的水或甘油中。

（3）在烧杯内注入新煮沸并冷却至 5 ℃的蒸馏水或注入预先加热至 32 ℃的甘油，使水面或甘油液面略低于连接杆上的深度标记。

9.4.4　试验方法与步骤

（1）从水或甘油保温槽中取出盛有试样的黄铜环放置在环架中承板的圆孔中，并套上钢球定位器，把整个环架放入烧杯内，调整水面或甘油液面至深度标记，环架上任何部分均不得有气泡。将温度计由上承板中心孔垂直插入，使温度计水银球底部与铜环下面齐平。

（2）将烧杯移放至有石棉网的三脚架或电炉上，然后将钢球放在试样上（须使各环的平面在全部加热时间内完全处于水平状态）立即加热，使烧杯内水或甘油温度在 3 min后保持每分钟上升 5±0.5 ℃，在整个测定中如温度的上升速度超出此范围时，则重做试验，如图 9－4－2 所示。

（3）试样受热软化，下坠至与下承板面接触时的温度即为试样的软化点。记录此时的温度。

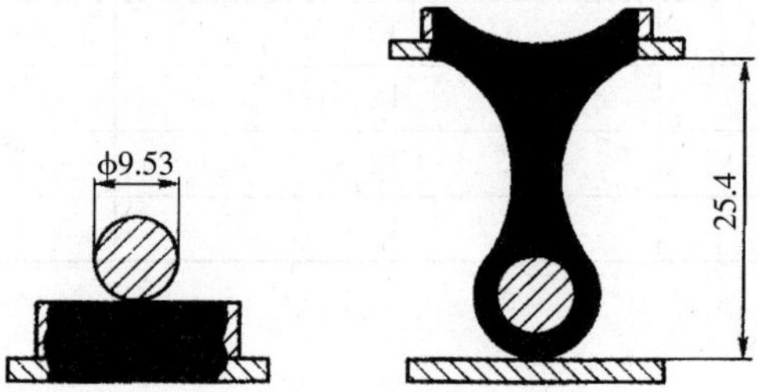

图 9-4-2　沥青软化点测定示意图（单位:mm）

9.4.5　结果计算与数据处理

取平行测定的两个结果的算术平均值作为测定结果，精确至 0.1 ℃。如果两个温度的差值超过 1 ℃，则应重新进行试验。

试验 10　沥青混合料试验

要求：了解沥青混合料的物理力学性能，掌握沥青混合料试验的试件制作及试件密度、马歇尔稳定度、沥青路面芯样试验、理论最大相对密度、沥青含量、弯曲、单轴压缩、配合比设计等试验方法。

10.1　取样方法及数量

10.1.1　取样数量

（1）试样数量应根据试验目的决定，宜不少于试验用量的 2 倍。一般情况下可按表 10－1－1 取样。平行试验应加倍取样。在现场取样直接装入试模成型时，也可等量取样。

（2）取样材料用于仲裁试验时，取样数量除满足本表 10－1－1 规定外，还应多取一份备用样，保留到仲裁结束。

表 10－1－1　常用沥青混合料试验项目的样品数量表

试验项目	最少试样量/kg	取样量/kg
马歇尔试验、抽提筛分	12	20
车辙试验	40	60
浸水马歇尔试验	12	20
冻融劈裂试验	12	20
弯曲试验	15	25

10.1.2　取样方法

（1）沥青混合料应随机取样，并具有充分的代表性。检查拌和质量时，应从拌和机一次放料的下方或提升斗中取样，不得多次取样混合后使用。评定混合料质量时，必须分几次取样，拌和均匀后作为代表性试样。

（2）热拌沥青混合料在不同地方取样的要求如下：

① 在沥青混合料拌和厂取样时，宜用专用的容器（一次可装 5～8 kg）装在拌和机

卸料斗下方，每放一次料取一次样，顺次装入试样容器中，每次倒在清扫干净的平板上，连续几次取样，混合均匀，按四分法取样至足够数量。

② 在沥青混合料运料车上取样时，宜在汽车装料一半后，分别用铁锹从不同方向的 3 个不同高度处取样，然后混在一起用手铲适当拌和均匀，取出规定数量。在施工现场的运料车上取样时，应在卸料一半后从不同方向取样，样品宜从 3 辆不同的车上取样混合使用。

③ 在道路施工现场取样时，应在摊铺后未碾压前，摊铺宽度两侧的 1/3～1/2 位置取样，用铁锹取该摊铺层的料。每摊铺一车料取一次样，连续 3 车取样后，混合均匀按四分法取样至足够数量。

(3) 热拌沥青混合料每次取样时，都必须用温度计测量温度，精确至 1 ℃。

(4) 乳化沥青常温混合料试样的取样方法与热拌沥青混合料相同，但宜在乳化沥青破乳水分蒸发后装袋，对袋装常温沥青混合料亦可直接从储存的混合料中随机取样。取样袋数不少于 3 袋，使用时，将 3 袋混合料倒出作适当拌和，按四分法取出规定数量试样。

(5) 液体沥青常温沥青混合料的取样方法同上。当用汽油稀释时，必须在溶剂挥发后方可封袋保存；当用煤油或柴油稀释时，可在取样后即袋装保存，保存时应特别注意防火安全。

(6) 从碾压成型的路面上取样时，应随机选取 3 个以上不同地点，钻孔、切割或刨取该层混合料。需重新制作试件时，应加热拌匀按四分法取样至足够数量。

10.1.3 试样的保存与处理

(1) 热拌热铺的沥青混合料试验需送至试验或质量检测机构作质量评定时，由于二次加热会影响试验结果，必须在取样后趁高温立即装入保温桶内，送到试验室后立即成型试件，试件成型温度不得低于规定要求。

(2) 热混合料需要存放时，可在温度下降至 60℃后装入塑料编织袋内，扎紧袋口，并低温保存，防止潮湿、淋雨等，且时间不宜太长。

(3) 在进行沥青混合料质量检验或进行物理力学性质试验时，当采集的试样温度下降或结成硬块等不符合温度要求时，宜用微波炉或鼓风干燥箱加热至符合压实的温度，通常加热时间不超过 4 h，且只容许加热一次，不得重复加热，不得用电炉或燃气炉明火局部加热。

10.2 沥青混合料试件制作方法（击实法）

10.2.1 试验目的

采用标准击实法或大型击实法制作沥青混合料试件，以供试验室进行沥青混合料物理力学性质试验使用。

10.2.2 主要仪器设备

(1) 自动标准（大型）击实仪：由击实锤、ϕ98.5±0.5 mm（ϕ149.4±0.1 mm）平圆形压实头及带手柄的导向棒组成。用机械将压实锤提升至457.2±1.5 mm（457.2±2.5 mm）高度，沿导向棒自由落下连续击实，击实锤质量4 536±9 g（10 210±10 g），具有自动记录，控制仪表，按钮设置、复位及暂停等功能。

(2) 试验室用沥青混合料拌和机：能保证拌和温度并充分拌和均匀，可控制拌和时间，容量不小于10 L。

(3) 脱模器、试模、鼓风干燥箱。

(4) 天平或电子秤：用于称量矿料的，感量不大于0.5 g；用于称量沥青的，感量不大于0.1 g。

(5) 布洛克菲尔德粘度计、温度计（分度为1 ℃）、电炉或煤气炉、沥青熔化锅。

(6) 拌和铲、标准筛、滤纸（或普通纸）、胶布、卡尺、秒表、粉笔、棉纱等。

10.2.3 试验准备

(1) 标准击实法适用于标准马歇尔试验、间接抗拉试验（劈裂法）等所使用的ϕ101.6 mm×63.5 mm圆柱体试件的成型。集料的公称最大粒径小于或等于26.5 mm。一组试件的数量不少于4个。

(2) 大型击实法适用于大型马歇尔试验和ϕ152.4 mm×95.3 mm大型圆柱体试件的成型。集料的公称最大粒径大于26.5 mm。一组试件的数量不少于6个。

(3) 按沥青的粘度，绘制粘温曲线，按表10－2－1的要求确定适宜于沥青混合料拌和及压实的等粘温度。

表10－2－1　沥青混合料拌和及压实的沥青等粘温度表

沥青结合料种类	粘度种类	适宜于拌和的沥青结合料粘度	适宜于压实的沥青结合料粘度
石油沥青	表观粘度	0.17±0.02 Pa·s	0.28±0.03 Pa·s

(4) 当缺乏沥青粘度测定条件时，试件的拌和与压实温度可按表10－2－2选用，并根据沥青品种和标号作适当调整。针入度小、稠度大的沥青取高限，针入度大、稠度小的沥青取低限，一般取中值。

表10－2－2　沥青混合料拌和及压实温度参考表

沥青结合料种类	拌和温度/℃	压实温度/℃
石油沥青	140～160	120～150
改性沥青	160～175	140～170

(5) 对改性沥青，应根据实践经验、改性剂的品种和用量，适当提高混合料的拌和及压实温度；对大部分聚合物改性沥青，通常在普通沥青的基础上提高10～20 ℃；掺

入纤维时，尚需再提高 10 ℃左右。

（6）沥青混合料的拌和及压实在常温下进行。

10.2.4　拌制沥青混合料

（1）粘稠石油沥青混合料：用蘸有少许黄油的棉纱擦净试模、套筒及击实座等，置 100 ℃左右鼓风干燥箱中加热 1 h 备用。常温沥青混合料用试模不加热。将沥青混合料拌和机预热至拌和温度以上 10 ℃左右。将加热的粗细集料置于拌和机中，用小铲适当混合，然后加入需要数量的沥青（如沥青已称量在一专用容器内时，可在倒掉沥青后用一部分热矿粉将粘在容器壁上的沥青擦拭掉并一起倒入拌和锅中），开动拌和机一边搅拌一边将拌和叶片插入混合料中拌和 1～1.5 min 后；暂停拌和，加入加热的矿粉，继续拌和至均匀为止，并使沥青混合料保持在要求的拌和温度范围内。总拌和时间为 3 min。

（2）液体石油沥青混合料：将每组（或每个）试件的矿料置已加热至 55～100 ℃的沥青混合料拌和机中，注入要求数量的液体沥青，并将混合料边加热边拌和，使液体沥青中的溶剂挥发至 50%以下。拌和时间应事先试拌决定。

（3）乳化沥青混合料：将每个试件的粗细集料，置于沥青混合料拌和机（不加热，也可用人工炒拌）中，注入计算的用水量（阴离子乳化沥青不加水）后，拌和均匀并使矿料表面完全湿润，再注入设计的沥青乳液用量，在 1 min 内使混合料拌匀，然后加入矿粉后迅速拌和，使混合料拌成褐色为止。

10.2.5　成型方法

（1）将拌好的沥青混合料，用小铲适当拌和均匀，称取一个试件所需的用量（标准马歇尔试件约 1 200 g，大型马歇尔试件约 4 050 g）。当已知沥青混合料的密度时，可根据试件的标准尺寸计算并乘以 1.03 得到要求的混合料数量。当一次拌和几个试件时，宜将其倒入经预热的金属盘中，用小铲适当拌和均匀分成几份，分别取用。在试件制作过程中，为防止混合料温度下降，应连盘放在鼓风干燥箱中保温。

（2）从鼓风干燥箱中取出预热的试模及套筒，用蘸有少许黄油的棉纱擦拭套筒、底座及击实锤底面，将试模装在底座上，放一张圆形的吸油性小的纸，用小铲将混合料铲入试模中，用插刀或大螺丝刀沿周边插捣 15 次、中间 10 次。插捣后，将沥青混合料表面整平。对大型击实法的试件，混合料分两次加入，每次插捣次数同上。

（3）插入温度计至混合料中心附近，检查混合料温度。

（4）待混合料温度符合要求的压实温度后，将试模连同底座一起放在击实台上固定。在装好的混合料上面垫一张吸油性小的圆纸，再将装有击实锤及导向棒的压实头放入试模中。开启电机，使击实锤从 457 mm 的高度自由落下到击实规定的次数（75 次或 50 次）。对大型试件，击实次数为 75 次（相应于标准击实的 50 次）或 112 次（相应于标准击实 75 次）。

（5）试件击实一面后，取下套筒，将试模翻面，装上套筒，然后以同样的方法和次数击实另一面。

（6）乳化沥青混合料试件在两面击实后，将一组试件在室温下横向放置 24 h；另一组试件置于温度为 105±5 ℃的鼓风干燥箱中养生 24 h。将养生试件取出后再立即两面锤击各 25 次。

（7）试件击实结束后，立即用镊子取掉上下面的纸，用卡尺量取试件离试模上口的高度并由此计算试件高度。如高度不符合要求时，试件应作废，并按式（10－2－1）调整试件的混合料质量，以保证高度符合 63.5±1.3 mm（标准试件）或 95.3±2.5 mm（大型试件）的要求。

$$调整后混合料质量=\frac{要求试件高度\times原用混合料质量}{所得试件的高度} \qquad (10-2-1)$$

（8）卸去套筒和底座，将装有试件的试模横向放置冷却至室温后（不少于 12 h），置脱模机上脱出试件。

（9）将试件仔细置于干燥洁净的平面上，供试验用。

10.3 压实沥青混合料密度试验（水中重法）

10.3.1 试验目的

测定吸水率小于 0.5%的密实沥青混合料试件的表观相对密度或表观密度，以用于计算沥青混合料试件的空隙率、矿料间隙率等各项体积指标。

10.3.2 主要仪器设备

（1）浸水天平或电子秤：当最大称量在 3 kg 以下时，感量不大于 0.1 g；最大称量 3 kg 以上时，感量不大于 0.5 g；应有测量水中重的挂钩。

（2）溢流水箱：使用洁净水，有水位溢流装置，保持试件和网篮浸入水中后的水位一定。

（3）试件悬吊装置：天平下方悬吊网篮及试件的装置，吊线应采用不吸水的细尼龙线绳，并有足够的长度。对轮碾成型机成型的板块状试件可用铁丝悬挂。

（4）网篮、秒表、电风扇或鼓风干燥箱等。

10.3.3 试验步骤

（1）选择适宜的浸水天平或电子秤，最大称量应满足试件质量的要求。

（2）除去试件表面的浮粒，称取干燥试件的空中质量（m_a），根据选择的天平感量读数，精确至 0.1 g 或 0.5 g。

（3）挂上网篮，浸入溢流水箱的水中，调节水位，将天平调平后复零。调整水温并保持在 25±0.5 ℃内。把试件置于网篮中（注意不要使水晃动），待天平稳定后立即读数，称取水中质量（m_w）。

（4）若天平读数持续变化，不能在数秒钟内达到稳定，说明试件有吸水情况，不适用于此法测定。

（5）对从施工现场钻取的非干燥试件，可先称取其水中质量（m_w），然后用电风扇将试件吹干至恒重（一般不少于 12 h，当不需进行其他试验时，也可用 60±5 ℃鼓风干燥箱烘干至恒重），再称取空中质量（m_a）。

10.3.4 结果计算

（1）沥青混合料试件的表观相对密度 γ_a 按式（10－3－1）计算（精确至 0.001），

$$\gamma_a=\frac{m_a}{m_a-m_w} \tag{10－3－1}$$

式中：γ_a——试件在 25 ℃温度条件下的表观相对密度，无量纲；

m_a——干燥试件的空中质量（g）；

m_w——试件的水中质量（g）。

（2）沥青混合料试件的表观密度 ρ_a 按式（10－3－2）计算（精确至 0.001 g/cm³）：

$$\rho_a=\frac{m_a}{m_a-m_w}\times\rho_w \tag{10－3－2}$$

式中：ρ_a——试件在 25 ℃温度条件下的表观密度（g/cm³）；

m_a——干燥试件的空中质量（g）；

m_w——试件的水中质量（g）；

ρ_w——在 25℃温度条件下水的密度（0.997 g/cm³）。

（3）当试件的吸水率小于 0.5%时，以表观相对密度代替毛体积相对密度，计算试件的理论最大相对密度及空隙率、沥青的体积百分率、矿料间隙率、粗集料骨架间隙率、沥青饱和度等各项体积指标。

10.4 压实沥青混合料密度试验（蜡封法）

10.4.1 试验目的

测定吸水率大于 2%的沥青混凝土或沥青碎石混合料试件的毛体积相对密度或毛体积密度，以用于计算沥青混合料试件的空隙率、矿料间隙率等各项体积指标。

10.4.2 主要仪器设备

（1）浸水天平或电子秤：当最大称量在 3 kg 以下时，感量不大于 0.1 g；最大称量 3 kg 以上时，感量不大于 0.5 g；应有测量水中重的挂钩。

（2）溢流水箱：使用洁净水，有水位溢流装置，保持试件和网篮浸入水中后的水位一定。

(3) 试件悬吊装置：天平下方悬吊网篮及试件的装置，吊线应采用不吸水的细尼龙线绳，并有足够的长度。对轮碾成型机成型的板块状试件可用铁丝悬挂。

(4) 石蜡（熔点已知）、冰箱（可保持温度为 4～5 ℃）。

(5) 网篮、滑石粉、秒表、电风扇、铅（铁块）、电炉（燃气炉）等。

10.4.3 试验步骤

(1) 选择适宜的浸水天平或电子秤，最大称量应满足试件质量的要求。

(2) 称取干燥试件的空中质量（m_a），根据选择的天平感量读数，精确至 0.1 g 或 0.5 g。当为钻芯法取得的非干燥试件时，应用电风扇吹干 12 h 以上至恒重作为空中质量，但不得用烘干法。

(3) 将试件置于冰箱中，在 4～5 ℃条件下冷却不少于 30 min。

(4) 将石蜡熔化至其熔点以上 5.5±0.5 ℃。

(5) 从冰箱中取出试件立即浸入石蜡液中，至全部表面被石蜡封住后迅速取出试件，在常温下放置 30 min，称取蜡封试件的空中质量（m_p）。

(6) 挂上网篮，浸入溢流水箱中，调节水位，将天平调平或复零。调整水温并保持在 25±0.5 ℃内。将蜡封试件放入网篮浸水约 1 min，读取水中质量（m_c）。

(7) 如果试件在测定密度后还需要做其他试验时，为便于除去石蜡，可事先在干燥试件表面涂一薄层滑石粉，称取涂滑石粉后的试件质量（m_s），然后再蜡封测定。

(8) 用蜡封法测定时，石蜡对水的相对密度，按下列步骤实测确定：

① 取一块铅或铁块之类的重物，称取空中质量（m_g）；

② 测定重物在水温在 25±0.5 ℃时的水中质量（m'_g）；

③ 待重物干燥后，按上述试件蜡封的步骤，将重物蜡封后测定其空中质量（m_d）及水温在 25±0.5 ℃时的水中质量（m'_d）；

④ 石蜡对水的相对密度 γ_p 按式（10－4－1）计算（精确至 0.001）。

$$\gamma_p=\frac{m_d-m_g}{(m_d-m_g)-(m'_d-m'_g)} \tag{10-4-1}$$

式中：γ_p—— 在 25 ℃温度条件下石蜡对水的相对密度，无量纲；

m_g—— 重物的空中质量（g）；

m'_g—— 重物的水中质量（g）；

m_d—— 蜡封后重物的空中质量（g）；

m'_d—— 蜡封后重物的水中质量（g）。

10.4.4 结果计算

计算试件的毛体积相对密度，取 3 位小数。

(1) 蜡封法测定的试件毛体积相对密度 γ_f 按式（10－4－2）计算（精确至 0.001）：

$$\gamma_f=\frac{m_a}{(m_p-m_c)-(m_p-m_a)/\gamma_p} \tag{10-4-2}$$

式中：γ_f—— 由蜡封法测定的试件毛体积相对密度，无量纲；

m_a—— 试件的空中质量（g）；
m_p—— 蜡封试件的空中质量（g）；
m_c—— 蜡封试件的水中质量（g）。

（2）涂滑石粉后用蜡封法测定的试件毛体积相对密度 γ_f 按式（10－4－3）计算（精确至 0.001）：

$$\gamma_f = \frac{m_a}{(m_p - m_c) - [(m_p - m_s)/\gamma_p + (m_s - m_a)/\gamma_s]} \qquad (10-4-3)$$

式中：m_s—— 试件涂滑石粉后的空中质量（g）；
γ_s—— 滑石粉对水的相对密度，无量纲。

（3）试件的毛体积密度 ρ_f 按式（10－4－4）计算（精确至 0.001 g/cm³）：

$$\rho_f = \gamma_f \times \rho_w \qquad (10-4-4)$$

式中：ρ_f—— 蜡封法测定的试件毛体积密度（g/cm³）；
ρ_w—— 在 25 ℃温度条件下水的密度（0.997 g/cm³）。

10.5 沥青混合料马歇尔稳定度试验

10.5.1 试验目的

通过马歇尔稳定度试验和浸水马歇尔稳定度试验，进行沥青混合料的配合比设计或沥青路面施工质量检验。浸水马歇尔稳定度试验供检验沥青混合料受水损害时抵抗剥落的能力时使用，通过测试其水稳定性检验配合比设计的可行性。

10.5.2 主要仪器设备

（1）沥青混合料马歇尔试验仪：分为自动式和手动式。当集料的公称最大粒径小于或等于 26.5 mm 时，宜采用 ϕ101.6 mm×63.5 mm 的标准马歇尔试件；当集料的公称最大粒径大于 26.5 mm 时，宜采用 ϕ152.4 mm×95.3 mm 的大型马歇尔试件。

（2）恒温水槽：控制温度精确至 1 ℃，深度不小于 150 mm。

（3）真空饱水容器：包括真空泵及真空干燥器。

（4）温度计（分度为 1 ℃）、天平（感量不大于 0.1 g）、卡尺、鼓风干燥箱等。

10.5.3 试验准备

（1）按击实法成型马歇尔试件。

（2）量测试件的直径及高度：用卡尺测量试件中部的直径，用马歇尔试件高度测定器或用卡尺在十字对称的 4 个方向量测离试件边缘 10 mm 处的高度，准确至 0.1 mm，并以其平均值作为试件的高度。如试件高度不符合 63.5 ±1.3 mm 或 95.3 ±2.5 mm 要求或两侧高度差大于 2 mm 时，此试件应作废。

(3) 测定试件的密度并计算空隙率、沥青体积百分率、沥青饱和度、矿料间隙率等体积指标。

(4) 将恒温水槽调节至要求的试验温度，对粘稠石油沥青或鼓风干燥箱养生过的乳化沥青混合料为60±1 ℃；对煤沥青混合料为33.8±1 ℃；对空气养生的乳化沥青或液体沥青混合料为25±1 ℃。

10.5.4 试验步骤

(1) 将试件置于已达到规定温度的恒温水槽中保温，保温时间对标准马歇尔试件需30～40 min，对于大型马歇尔试件需45～60 min。试件之间应有间隔，底下应垫起，距水槽底部不小于5 cm。

(2) 将马歇尔试验仪的上下压头放入水槽或鼓风干燥箱中达到同样温度。将上下压头从水槽或鼓风干燥箱中取出，擦拭干净内面。为使上下压头滑动自如，可在下压头的导棒上涂少量黄油。再将试件取出置于下压头上，盖上上压头，然后装在加载设备上。

(3) 在上压头的球座上放妥钢球，并对准荷载测定装置的压头。

(4) 将自动马歇尔试验仪的压力传感器、位移传感器与计算机或 $X-Y$ 记录仪正确连接，调整好适宜的放大比例，压力和位移传感器调零。

(5) 启动加载设备，使试件承受荷载，加载速度为50±5 mm/min。计算机或 $X-Y$ 记录仪自动记录传感器压力和试件变形曲线，并将数据自动存入计算机。

(6) 当试验荷载达到最大值的瞬间，取下流值计，同时读取压力环中百分表读数及流值计的流值读数。

(7) 从恒温水槽中取出试件至测出最大荷载值的时间，不得超过30 s。

10.5.5 结果计算

(1) 试件的稳定度及流值：将计算机采集的数据绘制成压力和试件变形曲线，或由 $X-Y$ 记录仪自动记录的荷载-变形曲线，在切线方向延长曲线与横坐标相交于 O_1，将 O_1 作为修正原点，从 O_1 起量取相应于荷载最大值时的变形作为流值（FL），以mm计，精确至0.1 mm。最大荷载即为稳定度（MS），以kN计，精确至0.01 kN。

(2) 试件的马歇尔模数 T 按式（10－5－1）计算（精确至0.01 kN/mm）。

$$T=\frac{MS}{FL} \tag{10-5-1}$$

式中：T ——试件的马歇尔模数（kN/mm）；

MS ——试件的稳定度（kN）；

FL ——试件的流值（mm）。

(3) 当一组测定值中，某个测定值与平均值之差大于标准差的 k 倍时，该测定值应予舍弃，并以其余测定值的平均值作为试验结果。当试件数目 n 为3、4、5、6个时，k 值分别为1.15、1.46、1.67、1.82。

10.6　沥青路面芯样马歇尔试验

10.6.1　试验目的

从沥青路面钻取的芯样进行马歇尔试验，供评定沥青路面施工质量是否符合设计要求或进行路况调查。

10.6.2　主要仪器设备

（1）沥青混合料马歇尔试验仪：分为自动式和手动式。当集料的公称最大粒径小于或等于 26.5 mm 时，宜采用 ϕ101.6 mm×63.5 mm 的标准马歇尔试件；当集料的公称最大粒径大于 26.5 mm 时，宜采用 ϕ152.4 mm×95.3 mm 的大型马歇尔试件。

（2）恒温水槽：控制温度精确至 1 ℃，深度不小于 150 mm。

（3）真空饱水容器：包括真空泵及真空干燥器。

（4）温度计（分度为 1 ℃）、天平（感量不大于 0.1 g）、卡尺、鼓风干燥箱等。

10.6.3　试验步骤

（1）钻取压实沥青混合料路面芯样试件。

（2）试验前，必须将芯样试件粘附的粘层油、透明油和松散颗粒等清理干净。

（3）试件宜在阴凉处存放（温度不宜高于 35 ℃），且放置在水平的地方，注意不要使试件产生变形等。

（4）如缺乏沥青用量、矿料配合比及各种材料的密度数据时，应先测定沥青混合料的理论最大相对密度。

（5）测定试件的密度，并计算空隙率、沥青体积百分率、沥青饱和度、矿料间隙率等体积指标。

（6）用卡尺测定试件的直径，取两个方向的平均值。

（7）测定试件的高度，取 4 个对称位置的平均值，精确至 0.1 mm。

（8）进行马歇尔试验，由试验实测稳定度乘以表 10－6－1 或表 10－6－2 的试件高度修正系数 K 得到标准高度试件的稳定度 MS，其余与马歇尔稳定度试验方法相同。

表 10－6－1　现场钻取芯样试件高度修正系数（适用于 ϕ100 mm 试件）

试件高度/cm	修正系数 K	试件高度/cm	修正系数 K
2.47～2.61	5.56	5.16～5.31	1.39
2.62～2.77	5.00	5.32～5.46	1.32
2.78～2.93	4.55	5.47～5.62	1.25
2.94～3.09	4.17	5.63～5.80	1.19
3.10～3.25	3.85	5.81～5.94	1.14
3.26～3.40	3.57	5.95～6.10	1.09
3.41～3.56	3.33	6.11～6.26	1.04
3.57～3.72	3.03	6.27～6.44	1.00
3.73～3.88	2.78	6.45～6.60	0.96
3.89～4.04	2.50	6.61～6.73	0.93
4.05～4.20	2.27	6.74～6.89	0.89
4.21～4.36	2.08	6.90～7.06	0.86
4.37～4.51	1.92	7.07～7.21	0.83
4.52～4.67	1.79	7.22～7.37	0.81
4.68～4.87	1.67	7.38～7.54	0.78
4.88～4.99	1.50	7.55～7.69	0.76
5.00～5.15	1.47		

表 10－6－2　现场钻取芯样试件高度修正系数（适用于 ϕ150 mm 试件）

试件高度/cm	试件体积/cm^3	修正系数 K
8.81～8.97	1 608～1 636	1.12
8.98～9.13	1 637～1 665	1.09
9.14～9.29	1 666～1 694	1.06
9.30～9.45	1 695～1 723	1.03
9.46～9.60	1 724～1 752	1.00
9.61～9.76	1 753～1 781	0.97
9.77～9.92	1 782～1 810	0.95
9.93～10.08	1 811～1 839	0.92
10.09～10.24	1 840～1 868	0.90

10.7 沥青混合料理论最大相对密度试验（溶剂法）

10.7.1 试验目的

用溶剂法测定沥青混合料理论最大相对密度，供沥青混合料配合比设计、路况调查或路面施工质量管理计算空隙率、压实度等使用。

10.7.2 主要仪器设备

（1）恒温水槽：可使水温控制 25±0.5 ℃。

（2）天平：感量不大于 0.1 g。

（3）广口容量瓶：1 000 mL、有磨口瓶塞。

（4）溶剂：三氯乙烯。

（5）温度计：分度值为 0.5 ℃。

10.7.3 试验准备

（1）沥青混合料试样数量不宜少于表 10—7—1 规定数量。

表 10—7—1　沥青混合料试样数量

公称最大粒径/mm	试样最少质量/g	公称最大粒径/mm	试样最少质量/g
4.75	500	26.5	2 500
9.5	1 000	31.5	3 000
13.2、16.0	1 500	37.5	4 000
19.0	2 000		

（2）将平底盘中的热沥青混合料，在室温中冷却或者用电风扇吹，一边冷却一边将沥青混合料团块仔细分散，粗集料不破碎，细集料团块分散到小于 6.4 mm。若混合料坚硬时，可用鼓风干燥箱适当加热后再分散，加热温度不超过 60 ℃。分散试样时，可用铲子翻动、分散，在温度较低时应用手掰开，不得用锤打碎，防止集料破碎。当试样是从施工现场采取的非干燥混合料时，应用电风扇吹干至恒重后再操作。

10.7.4 试验步骤

（1）称取干燥的广口容量瓶质量（m_c）。

（2）广口容量瓶充满三氯乙烯溶剂，加磨口瓶塞放入 25±0.5 ℃恒温水槽中保温 15 min，取出擦净，称取瓶与溶剂合计质量（m_e）。

（3）将瓶中溶剂倒出、干燥，按照四分法取沥青混合料试验 200 g 左右装入比重瓶，称取瓶与混合料合计质量（m_b）。

（4）向瓶中混合料加入 250 mL 三氯乙烯溶剂，将比重瓶浸入 25±0.5 ℃恒温水槽中，并不时摇晃，使沥青溶解，同时赶走气泡，持续 1～2 h。

（5）待沥青完全溶解且已无气泡冒出时，注入已保温为 25 ℃的溶剂至满，加磨口瓶塞，称取瓶与沥青混合料及溶剂的总质量（m_a）。

10.7.5 结果计算

沥青混合料的理论最大相对密度 γ_t 按式（10－7－1）计算（精确至 0.001）。

$$\gamma_t=\frac{m_b-m_c}{[(m_e-m_c)-(m_a-m_b)]/\gamma_c} \qquad (10-7-1)$$

式中：γ_t—— 沥青混合料理论最大相对密度，无量纲；

m_a—— 容量瓶充满混合料与溶剂的总质量（g）；

m_b—— 瓶加混合料的合计质量（g）；

m_c—— 容量瓶的质量（g）；

m_e—— 容量瓶充满溶剂的合计质量（g）；

γ_c——25 ℃时三氯乙烯溶剂对水的相对密度（可取值 1.464 2）。

同一试样至少平行试验两次，计算平均值作为试验结果。

10.8 沥青混合料中沥青含量试验（离心分离法）

10.8.1 试验目的

采用离心分离法测定粘稠石油沥青拌制的沥青混合料中的沥青含量（或油石比），以评定拌和厂的产品质量或评定沥青的老化性质。

10.8.2 主要仪器设备

（1）离心抽提仪：由试样容器及转速不小于 3 000 rad/min 的离心分离器组成，分离器有滤液出口。

（2）回收瓶：容量 1 700 mL 以上。

（3）天平：感量不大于 0.01 g、1 mg 的天平各一台。

（4）压力过滤装置、鼓风干燥箱、圆环形滤纸。

（5）工业用三氯乙烯、碳酸铵饱和溶液。

（6）量筒（分度值 1 mL）、小铲、金属盘、大烧杯等。

10.8.3 试验准备

（1）在拌和厂从运料车采取沥青混合料试样，放在金属盘中适当拌和，待温度稍下降后至 100 ℃以下时，用大烧杯取混合料试样质量 1 000～1 500 g，精确至 0.1 g。

(2) 当试样在施工现场用钻机法或切割法取得时，应用电风扇吹风使其完全干燥，置鼓风干燥箱中适当加热后呈松散状态取样，不得用锤击，以防集料破碎。

10.8.4 试验步骤

(1) 向装有试样的烧杯中注入三氯乙烯溶剂，将其浸没，浸泡 30 min，用玻璃棒适当搅动混合料，使沥青充分溶解。

(2) 将混合料及溶液倒入离心分离器，用少量溶剂将烧杯及玻璃棒上的粘附物全部洗入分离器中。

(3) 称取洁净的圆环形滤纸质量，精确至 0.01 g。注意滤纸不宜多次反复使用，有破损者不能使用，有石粉粘附时，应用毛刷清除干净。

(4) 将滤纸垫在分离器边缘上，加盖紧固，在分离器出口处放上回收瓶，上口应注意密封，防止流出液呈雾状散失。

(5) 开动离心机，转速逐渐增至 3 000 rad/min，沥青溶液通过排出口注入回收瓶中，待流出停止后停机。

(6) 从上盖的孔中加入新溶剂，数量大体相同，稍停 3～5 min 后，重复上述操作，如此数次直至流出的抽提液成清澈的淡黄色为止。

(7) 卸下上盖，取下圆环形滤纸，在通风橱或室内空气中蒸发干燥，然后放入 105±5 ℃的鼓风干燥箱中干燥，称取质量，其增重部分（m_2）为矿粉的一部分。

(8) 将容器中的集料仔细取出，在通风橱或室内空气中蒸发后放入 105±5 ℃鼓风干燥箱中烘干（一般需 4 h），然后放入大干燥器中冷却至室温，称取集料质量（m_1）。

(9) 用压力过滤器过滤回收瓶中的沥青溶液，由滤纸的增重 m_3 得出泄漏入滤液中矿粉。无压力过滤器时，也可用燃烧法测定。

10.8.5 结果计算

(1) 沥青混合料中矿料的总质量 m_a 按式（10－8－1）计算（精确至 0.01 g）：

$$m_a = m_1 + m_2 + m_3 \tag{10-8-1}$$

式中：m_a—— 沥青混合料中矿料部分的总质量（g）；

m_1—— 容器中留下的集料干燥质量（g）；

m_2—— 圆环形滤纸在试验前后的增重（g）；

m_3—— 泄漏入抽提液中的矿粉质量（g）。

(2) 沥青混合料中的沥青含量 P_b 按式（10－8－2）计算（精确至 0.1%），

$$P_b = \frac{m - m_a}{m} \tag{10-8-2}$$

式中：m —— 沥青混合料的总质量（g）；

P_b—— 沥青混合料的沥青含量（%）；

(3) 沥青混合料中的油石比 P_a 按式（10－8－3）计算（精确至 0.1%）：

$$P_a = \frac{m - m_a}{m_a} \tag{10-8-3}$$

式中：m —— 沥青混合料的总质量（g）；

P_a—— 沥青混合料的油石比（%）。

（3）同一沥青混合料试样至少平行试验两次，取平均值作为试验结果。两次试验结果的差值应小于0.3%，当大于0.3%但小于0.5%时，应补充平行试验一次，以3次试验的平均值作为试验结果，3次试验的最大值与最小值之差不得大于0.5%。

10.9 沥青混合料弯曲试验

10.9.1 试验目的

测定热拌沥青混合料在规定温度和加载速率时弯曲破坏的力学性质。

10.9.2 主要仪器设备

（1）万能材料试验机或压力机：荷载由传感器测定，最大荷载应满足不超过其量程的80%且不小于量程的20%的要求，宜取值1 kN或5 kN，分度值为0.01 kN。

（2）跨中位移测定装置：LVDT位移传感器。

（3）数据采集系统或 $X-Y$ 记录仪：能自动采集传感器及位移计的电测信号，在数据采集系统中储存或在 $X-Y$ 记录仪上绘制荷载与跨中挠度曲线。

（4）恒温水槽：用于试件保温，温度范围应满足试验要求，控温精确至±0.5 ℃。

（5）卡尺、秒表、温度计（分度值为0.5 ℃）、天平（感量不大于0.1 g）等。

10.9.3 试验准备

（1）把沥青混合料轮碾成型的板块状试件，用切割法制作棱柱体试件，试件尺寸应符合长250±2.0 mm、宽30±2.0 mm、高35±2.0 mm的要求。

（2）在跨中及两支点断面用卡尺量取试件尺寸，当两支点断面的高度（或宽度）之差超过2 mm时，试件作废。跨中断面的宽度为 b，高度为 h，取相对两侧的平均值，精确至0.1 mm。

（3）根据混合料类型测量试件的密度、空隙率等各项物理指标。

（4）将试件置于规定温度的恒温水槽中保温不少于45 min，直至试件内部温度达到试验温度±0.5 ℃为止。保温时试件应放在支起的平板玻璃上，试件之间的距离应不小于10 mm。

（5）将试验机环境保温箱达到要求的试验温度±0.5 ℃。

（6）将试验机梁式试件支座准确安放好，测定支点间距离为200±0.5 mm，使上压头与下压头保持平行，并两侧等距离，然后将其位置固定。

10.9.4 试验步骤

（1）将试件从恒温水槽中取出，立即对称安放在支座上，试件上下方向应与试件成型时方向一致。

(2) 在梁跨下缘正中央安放位移测定装置，支座固定在试验机身上。位移计测头支于试件跨中下缘中央或两侧（用两个位移计）。选择适宜的量程，有效量程应大于预计的最大挠度的 1.2 倍。

(3) 将荷载传感器、位移计与数据采集系统或 $X-Y$ 记录仪连接，以 X 轴为位移，Y 轴为荷载，选择适宜的量程后调零。跨中挠度可采用 LVDT 位移传感器测定。当以高精密度电液伺服试验机压头的位移作为小梁挠度时，可以由加载速率及 $X-T$ 记录仪记录的时间求得挠度。为正确记录跨中挠度曲线，当采用 50 mm/min 速率加载时。$X-T$记录仪的 X 轴走纸速度（或扫描速度）根据试验温度确定。

(4) 开动压力机以规定的速率在跨径中央施以集中荷载，直至试件破坏。记录仪同时记录荷载-跨中挠度的曲线。

10.9.5 结果计算

(1) 将荷载-挠度曲线的直线段延长与横坐标相交作为曲线的原点，量取峰值时的最大荷载 P_B及跨中挠度 d。

(2) 试件破坏时的抗弯拉强度 R_B按式（10—9—1）计算（精确至 0.01 MPa）：

$$R_B=\frac{3\times L\times P_B}{2\times b\times h^2} \tag{10—9—1}$$

式中：R_B—— 试件破坏时的抗弯拉强度（MPa）；

b —— 跨中断面试件的宽度（mm）；

h —— 跨中断面试件的高度（mm）；

L —— 试件的跨径（mm）；

P_B—— 试件破坏时的最大荷载（N）。

(3) 试件破坏时的梁底最大弯拉应变 ε_B 按式（10—9—2）计算（精确至 0.01 $\mu\varepsilon$）：

$$\varepsilon_B=\frac{6\times h\times d}{L^2} \tag{10—9—2}$$

式中：ε_B—— 试件破坏时的最大弯拉应变（$\mu\varepsilon$）；

h —— 跨中断面试件的高度（mm）；

d —— 试件破坏时的跨中挠度（mm）；

L —— 试件的跨径（mm）。

(4) 试件破坏时的弯曲劲度模量 S_B 按式（10—9—3）计算（精确至 0.01 MPa）：

$$S_B=\frac{R_B}{\varepsilon_B} \tag{10—9—3}$$

式中：S_B—— 试件破坏时的弯曲劲度模量（MPa）；

(5) 计算加载过程中任一加载时刻的应力、应变、劲度模量的方法同上，只需读取该时刻的荷载及变形代替上式的最大荷载及破坏变形即可。

(6) 当记录的荷载-变形曲线在小变形区有一定的直线段时，可以用（0.1～0.4）P_B范围内的直线段的斜率计算弹性阶段的劲度模量，或以此范围内各测点的 σ、ε 数据计算的 $S=\sigma/\varepsilon$ 的平均值作为劲度模量。

（7）当一组测定值中某个数据与平均值之差大于标准差的 k 倍时，该测定值应予舍弃，并以其余测定值的平均值作为试验结果。当试验数目 n 为 3、4、5、6 时，k 值分别为 1.15、1.46、1.67、1.82。

（8）试验结果均应注明试件尺寸、成型方法、试验温度及加载速率。

试验 11　建筑防水材料试验

要求：掌握改性沥青防水卷材、合成高分子防水卷材等部分建筑防水材料的取样、抗拉强度、低温柔性、耐热度、不透水性、撕裂强度、延伸率等性质的试验方法。

11.1　取样方法

11.1.1　高分子卷材取样方法

（1）聚氯乙烯、氯化聚乙烯防水卷材以同一类型的 10 000 m^2 为一批，不足 10 000 m^2 也可作为一批。氯化聚乙烯-橡胶共混防水卷材以同规格同类型的 250 卷为一批，不足 250 卷也可作为一批。三元丁橡胶防水卷材以同规格同等级的 300 卷为一批，不足 300 卷也可作为一批。其他合成高分子防水卷材以同品种同规格 5 000 m^2 为一批，不足 5 000 m^2 也可作为一批。

（2）以同一品种、同一等级的产品，大于 1 000 卷抽 5 卷，500～1 000 卷抽 4 卷，100～999 卷抽 3 卷，100 卷以下抽 2 卷，进行规格尺寸和外观质量检验。在外观质量检验合格的卷材中，任取 1 卷做物理性能检验。

（3）将试样卷材切除距外层卷头 300 mm 后顺纵向截取 1 500 mm 的全幅卷材试样 2 块送检。一块做物理性能检验用，另一块备用。

11.1.2　改性沥青取样方法

（1）同一品种、同一标号、同一等级的产品每 1 500 卷为一批，不足 1 500 卷按一批收（铝箔面油毡每 1 000 卷为一批）。

（2）以同一生产厂的同一品种、同一等级的产品，大于 1 000 卷抽 5 卷，500～1 000卷抽 4 卷，100～999 卷抽 3 卷，100 卷以下抽 2 卷，进行规格尺寸和外观质量检验。在外观质量检验合格的卷材中，任取 1 卷做物理性能检验。

（3）将试样卷材切除距外层卷头 2 500 mm，后顺纵向截取 1 000 mm 的 2 块全幅卷材送检。

11.2 吸水性试验

11.2.1 试验目的

通过对改性沥青和合成高分子防水卷材的吸水性的性能试验，判定其是否满足工程需要。

11.2.2 主要仪器设备

（1）天平：称量 2 kg，感量 0.01 g。

（2）毛刷、容器（用于浸泡试件）、试件架、裁纸刀等。

11.2.3 试验准备

在送来规定的样品中，先将试样在温度 23±2 ℃、相对湿度 50±10%的条件下放置至少 24 h 后进行裁取，每组试样在卷材宽度方向均匀分布裁样，避开卷材边缘 100 mm 以上。把要试验的材料用裁纸刀裁剪成 100 mm×100 mm 试样共 3 块。

11.2.4 试验步骤

（1）取 3 块干燥后的试件，用毛刷将试件表面的隔离材料刷除干净，然后进行称量（W_1）

（2）将试件浸入 23±2 ℃的水中，试件放在试件架上相互隔开，避免表面相互接触，水面高出试件上端 20～30 mm。若试件上浮，可用合适的重物压下，但不应对试件带来损伤和变形。

（3）浸泡 4 h 后取出试件用纸巾吸干表面的水分，至试件表面没有水渍为宜，立即称量试件质量（W_2）。为避免浸水后试件中水分蒸发，试件从水中取出至称量完毕的时间不应超过 2 min。

11.2.5 结果计算

试件的吸水率 H 按式（11－2－1）计算（精确至 0.1%）：

$$H=\frac{W_2-W_1}{W_1}\times 100 \qquad (11-2-1)$$

式中：H —— 试件的吸水率（%）；

W_1—— 浸水前试件质量（g）；

W_2—— 浸水后试件质量（g）。

吸水率取 3 块试件的算数平均值表示。

11.3　撕裂强度试验

11.3.1　试验目的

通过对改性沥青和合成高分子防水卷材的撕裂强度性能试验，判定其是否满足工程需要。

11.3.2　主要仪器设备

（1）拉伸试验机：有连续记录力和对应距离的装置，能按下面规定的速度均匀的移动夹具。拉伸试验机有足够的量程和夹具移动速度。

（2）夹具：能随着试件拉力的增加而保持或增加夹具的夹持力，对于厚度不超过 3 mm的产品能夹持住试件，使其在夹具中的滑移不超过 1 mm，更厚的产品不超过 2 mm。这种夹持方法不应在夹具内外产生过早的破坏。为防止在夹具中滑移超过极限值，允许用冷却的夹具，同时，实际的试件伸长用引伸计测量。

11.3.3　试验准备

（1）在距卷材边缘 100 mm 以上，在试样上纵向裁取 5 个 200 mm×100 mm 矩形试件，试件表面的非持久层应去除。

（2）试验前试件应在温度为 23±2 ℃、相对湿度为 30%～70%的条件下放置至少 20 h。

11.3.4　试验步骤

（1）试件放入打开的 U 形头的两臂中，用一直径 2.5±0.1 mm 的尖钉穿过 U 形头的孔位置，同时钉杆位置在试件的中心线上，距 U 形头中的试件一端 50±5 mm，钉杆距上夹具的距离是 100±5 mm。

（2）把该装置试件一端的夹具和另一端的 U 形头放入拉伸试验机，开动试验机使穿过材料面的钉杆直到材料的末端。拉伸速度应为 100±10 mm/min。直至试件断裂。如图 11－3－1 所示。

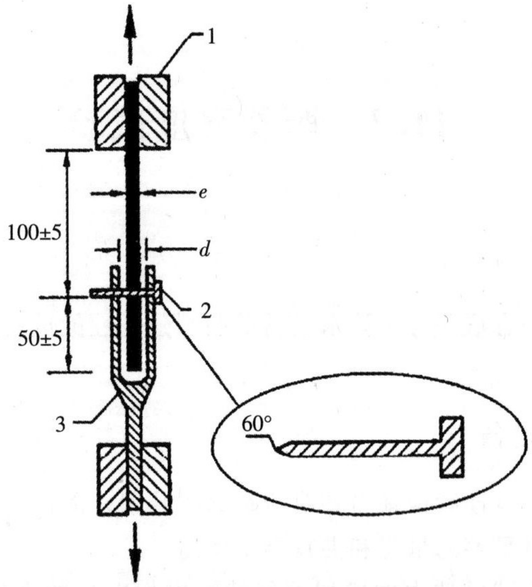

1—夹具；2—钉杆；3—U 型头

图 11-3-1 撕裂性能试验装置 (单位:mm)

11.3.5 结果表示

试件撕裂性能时记录试验的最大力。每个试件分别列出拉力值，计算平均值，精确至 5 N。

11.4 低温柔性试验

11.4.1 试验目的

通过对改性沥青和合成高分子防水卷材的低温柔性的性能试验，判定其是否满足工程需要。

11.4.2 主要仪器设备

（1）低温柔度试验仪：该装置由两个直径 20±0.1 mm 不旋转的圆筒，一个直径 30±0.1 mm 的圆筒或半圆筒弯曲轴组成。

（2）裁纸刀、30 cm 钢尺、冷冻液、放大镜、袖珍带光源读数显微镜等。

11.4.3 试验准备

（1）先将试样在温度 23±2 ℃环境中放置 24 h 后进行裁取，每组试样在卷材宽度方向均匀分布裁样，避开卷材边缘 150 mm 以上。

（2）试件应从卷材的一边开始做连续的记号，同时标记卷材的上表面和下表面。把要试验的材料用裁纸刀裁剪成（150±1）mm×（25±1）mm 的样品。准备两组试件，一组上表面，一组下表面，每组 5 个。

（3）在开始试验前，两个圆筒的距离应按试件厚度调节，即弯曲轴直径 2 mm＋两倍试件厚度。然后装置才可以放入已冷却的液体中，并在圆筒上端在冷冻液面下约 10 mm，弯曲轴在下面的位置。

（4）将低温柔度试验仪内清理干净，放入不锈钢容器，倒入（－40～20 ℃、精度 0.5 ℃温度）冷冻液 6 L，把两个低温柔度试验仪棒组件的柔度棒用手把稍住放入冷冻液中（用一支测量精度 0.5 ℃的半导体温度计检查试验温度，放入试验液体中与试验试件在同一水平面）。

（5）将低温柔度试验仪前面左下面开关扳向（关）位置，接通低温冰箱电源调节温度控制器设定至－18 ℃。

（6）把低温柔度试验仪内的传感器放入低温柔度试验仪的不锈钢容器内的冷冻液中，降温至－18 ℃。

（7）准备线手套一副，注意低温柔度仪降至－18 ℃时，所有操作都要戴上手套，不准用手直接接触低温制冷仪内的金属和冷冻液，防止冻伤皮肤，在压下柔度棒时戴上眼镜，防止冷冻液溅入眼内冻伤眼睛。

11.4.4　试验步骤

（1）当低温柔度试验仪前面左下温度控制器显示－18 ℃时，即冷冻液的温度为－18 ℃即可进行试验。

（2）戴上手套、打开低温制冷仪上盖，用夹子夹住样品从柔度棒下一侧将样品放入柔度棒和柔度弯曲板之间槽内－18 ℃冷冻液中，共放入 6 个样品（试件在试验液体中的位置应平放且完全浸入，用可移动的装置支撑，该支撑装置应至少能放一组 5 个试件），盖上低温制冷仪上盖。

（3）将低温柔度试验仪前面左下的显示计时器调到 30 min，把计时开关扳向计时的位置，低温制冷仪进入自动控制程序，弯曲轴从下面顶着试件以 360 mm/min 的速度升起，这样试件能弯曲 180°，电动控制系统能保证在每个试验过程和试验温度的移动速度保持在 360±40 mm/min。先把冷冻液降温至－18 ℃，到－18 ℃计时，30 min 到后自动报警。

（4）听到自动报警后操作员先将计时开关扳向（关），报警器不再响，戴上线手套，戴上眼镜，打开低温制冷仪上盖。

（5）将低温柔度试验仪柔度棒把手销撤出，柔度棒提杆销孔。

（6）用夹子将试样从低温柔度试验仪取出，盖上低温柔度试验仪上盖，准备下次试验用。

（7）用放大镜或更精确的仪器观察试件（为了准确评价，试件移动路径是在试验结束时，试件应露出冷冻液，移动部分通过设置适当的极限开关控制限定位置）。4 个试件无裂缝为试验合格（上表面和下表面应分别记录，可能有不同的冷弯温度），如图

11－4－1所示。

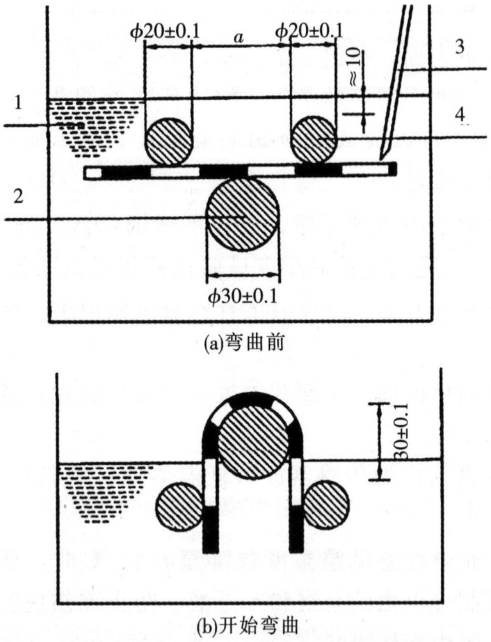

1－冷冻液；2－弯曲轴；3－半导体温度计；4－圆筒

图 11-4-1 防水卷材低温柔度试验示意图（单位:mm）

11.5 耐热性试验

11.5.1 试验目的

通过对改性沥青和合成高分子防水卷材的吸水性的性能试验，判定其是否满足工程需要。

11.5.2 主要仪器设备

（1）鼓风干燥箱：（不提供新鲜空气）在试验范围内最大温度波动±2 ℃。当门打开 30 s，恢复温度到工作温度的时间不超过 5 min。

（2）热电偶：连接到外面的电子温度计，在规定范围内能测量到±1 ℃。

（3）悬挂装置：（如夹子）至少 100 mm 宽，能夹住试件的整个宽度在一条线，并被悬挂在试验区域。

（4）光学测量装置：（如读数放大镜）刻度至少 0.1 mm。

（5）金属圆插销的插入装置：内径约 4 mm。

（6）画线装置：画直的标记线。

11.5.3　试验准备

将试样在温度为 23±2 ℃环境下放置 2 h 后进行裁取，试件均匀的在试样宽度方向裁取，长边是卷材的纵向，避开卷材边缘 150 mm 以上。把要试验的材料用裁纸刀裁剪成尺寸（115±1）mm×（100±1）mm，试件从卷材的一边开始连续编号，卷材上表面和下表面应标记。

11.5.4　试验步骤

（1）鼓风干燥箱预热到规定试验温度，温度通过与试件中心同一位置的热电偶控制。整个试验期间，试验区域的温度波动不超过±2 ℃。

（2）把制备好的试件垂直悬挂在鼓风干燥箱的相同高度，间隔应大于 30 mm。开关鼓风干燥箱门放入试件的时间不超过 30 s。

（3）将刮刀放在电热炉上加温，等刮刀足够热后，在正反两面按标准用 20 mm 刮刀刮除 20 mm×15 mm 的两个区域（直至胎体），用 40 mm 的刮刀刮除 100 mm×15 mm 的区域（直至胎体）。

（4）将划线器装在 20 mm×15 mm 的区域，在试件的裸露区上打好眼，用插销将两个划线器固定好后，用记号笔在正反两面分别沿试件宽度方向划线。

（5）放入试件后加热时间为 120±2 min。加热周期一结束，试件和悬挂装置一起从鼓风干燥箱中取出，相互间不要碰触，在温度为 23±2 ℃环境中悬挂 2 h。然后除去悬挂装置，在试件两面画第二个标记，用光学测量装置在每个试件的两面测量两个标记底部间最大距离 ΔL ，精确至 0.1 mm。

（6）划线完毕后，将划线器卸下，用夹子夹在 100 mm×15 mm 的区域内，涂盖层不要夹到，必要时用如硅纸的不粘层包住两面，便于试验结束时除去夹子。

11.5.5　试验结果

计算卷材每个面 3 个试件的滑动值的平均值，精确到 0.1 mm。试件上表面和下表面的滑动平均值不超过 2.0 mm 判定为合格。

11.6　不透水性试验

11.6.1　试验目的

通过对改性沥青和合成高分子防水卷材的不透水性的性能试验，判定其是否满足工程需要。

11.6.2 使用仪器设备

（1）油毡不透水仪：透水盘底座内径 92 mm，透水盘金属压盖上有 7 个均匀分布的直径 25 mm 透水孔。压力表测量范围为 0～0.6 MPa，精度 2.5 级。

（2）一字螺丝刀、内六角扳手、裁纸刀、30 cm 钢尺等。

11.6.3 试验准备

（1）将试样在温度为 23±2 ℃环境中放置 24 h 后进行裁取，每组试样在卷材宽度方向均匀分布裁样，避开卷材边缘 100 mm 以上。把要试验的材料用裁纸刀裁剪成 150 mm×150 mm（3 个直径 130 mm 的圆形）待用。

（2）使用前，根据试件的试验要求把压力表调整好。调节的方法是：压力表的玻璃蒙的中间有调节旋钮，它的上限、下限调节定值，需要借助一字螺丝刀。把上限指针拧到试验规定的压力数的位置，下限指针拧到比上限小 0.05 MPa 的位置，这样在工作时，当压力达到要求时（上限值）自动停止加压。当渗漏或透水使压力下降到一定数值（下限值）气泵又自动起动补充压力。

（3）试验前，检查透水盘出水是否畅通：先用内六角扳手把 3 个透水盘的压圈松开卸下，把注水口的盖拧开，再把放水阀关严，从注水口慢慢注入清水，至容器的 2/3 处，分别拧开阀门“1”“2”“3”（0 为放水阀）中间的进水孔冒出水来，溢满透水盘为止，然后把注水口盖拧紧。

11.6.4 试验步骤

（1）试验在温度为 23±5 ℃下进行。产生争议时，在温度为 23±2 ℃、相对湿度为 50%±5%环境中进行。

（2）把被测试件的上表面朝下放置在透水盘环形胶圈上，再盖上规定的开缝盘（或 7 孔圆盘）。其中，一个缝的方向与卷材纵向平行，放上封盖，慢慢夹紧直到试件夹紧在盘上，用布或压缩空气干燥试件的非迎水面，慢慢加压到规定的压力。达到规定压力后，保持压力 24±1 h。7 孔盘保持规定压力（30±2）min。

（3）根据试验要求设定时间拨码，设定时间值。

（4）插上电源插头，打开启动开关，气泵开始往容器内注入压力气体，此时加压指示灯亮。

（5）到压力上限时自动停止加压，此时恒压指示灯亮，按规定时间试验完成后，拧开放水阀，把水放出卸掉压力，再松开压圈取下试件，试验完毕。

11.6.5 试验结果

所有试件在规定的时间不透水，认定不透水性试验合格。

11.7 耐热度试验

11.7.1 试验目的

通过对改性沥青和合成高分子防水卷材的耐热度的性能试验，判定其是否满足工程需要。

11.7.2 主要仪器设备

（1）电热恒温箱：带有热风循环装置。

（2）温度计：0～150 ℃，最小刻度 0.5 ℃。

（3）干燥器（ϕ 250～300 mm）、表面皿（ϕ 60～80 mm）。

（4）天平：感量 0.001 g。

（5）试件挂钩：洁净无锈的细铁丝或回形针。

11.7.3 试验步骤

（1）在每块试件距短边一端 1 cm 处的中心打一小孔。

（2）将试件用细铁丝或回形针穿挂好试件小孔，放入已定温至标准规定温度的电热恒温箱内。试件与箱壁距离不应小于 50 mm，试件间应留一定距离，不致粘结在一起，试件的中心与温度计的水银球应在同一水平上，距每块试件下端 10 mm 处，各放一表面皿用以接受消下的沥青物质。

（3）需用加热损耗的试件，将表面隔离材料尽量刷净，进行称量（G_1），存放一段时期的油毡，其试件应在干燥器中干燥 24 h 后称量。试件打孔带钩后，再将带钩试件进行称量（G_2）。加热后，带钩试件放入干燥器内，冷却 0.5～1 h 进行称量（G_3）。

11.7.4 试验结果及计算

（1）在规定温度下加热 2 h 后，取出试件及时观察并记录试件表面有无涂盖层滑动和集中性气泡。集中性气泡系指导破坏油毡涂盖层原形的密集气泡。

（2）需作加热损耗时，以加热损耗百分比的平均值表示。

加热损耗百分比 L 按式（11－7－1）计算（精确至 0.01%）：

$$L=\frac{G_2-G_3}{G_1}\times 100 \qquad (11-7-1)$$

式中：L —— 试件加热损耗百分比（%）；

G_1 —— 试件原始质量（g）；

G_2 —— 加热前带钩试件质量（g）；

G_3 —— 加热后带钩试件质量（g）。

11.8　拉伸性能试验

11.8.1　试验目的

通过对改性沥青和合成高分子防水卷材的拉伸性能试验，判定其是否满足工程需要。

11.8.2　主要仪器设备

(1) 拉伸试验机：有连续记录力和对应距离的装置，能按下面规定的速度均匀的移动夹具。拉伸试验机有足够的量程和夹具移动速度。

(2) 夹具：能随着试件拉力的增加而保持或增加夹具的夹持力，对于厚度不超过3 mm的产品能夹持住试件，使其在夹具中的滑移不超过1 mm，更厚的产品不超过2 mm。这种夹持方法不应在夹具内外产生过早的破坏。为防止在夹具中滑移超过极限值，允许用冷却的夹具，同时实际的试件伸长用引伸计测量。

(3) 厚度计：接触面直径为6 mm。

11.8.3　试件的制备

(1) 整个拉伸试验应制备两组试件，一组纵向试件5个，一组横向试件5个。

(2) 试件在试样上距边缘100 mm以上任意截取用模板或用裁刀，矩形试件宽为50±0.5 mm，长为200±2 mm，长度方向为试验方向。表面的非持久层应去掉。

(3) 试件在试验前放在23±2 ℃、相对湿度30%～70%的条件下至少放置20 h。

11.8.4　试验步骤

(1) 将试件紧紧地夹在试验机的夹具里，注意试件的长度方向的中线与试验机夹具的中线在同一条直线上。夹具间的距离为180±2 mm，为防止试件在夹具中滑移应做好标记。

(2) 当用引伸计时，试验前应设置夹具间的标距间的距离180±2 mm，为防止试件有任何松弛，推荐加载不超过5 N的力。

(3) 试验在23±2 ℃进行，夹具移动的恒定速率为100±10 mm/min，橡胶类500±50 mm/min，树脂类250±50 mm/min，连续记录力和夹具之间的距离。

(4) 记录得到的拉力和距离，或数据记录最大的拉力和对应的由夹具间的距离和起始距离的百分率计算的延伸率。

11.8.5　数据处理

(1) 分别计算纵向或横向试件拉力的算术平均值，作为卷材纵向或横向的拉力，精确至 5N。

(2) 试件最大拉力时的延伸率 E 按式（11－8－1）计算（精确至 1%）：

$$E=\frac{L_1-L_0}{L}\times 100 \qquad (11-8-1)$$

式中：E ——试件最大拉力时的延伸率（%）；

L_1——试件最大拉力时的标距（mm）；

L_0——试件初始标距（mm）；

L —— 夹具间距离，180（mm）。

分别计算纵向或横向试件最大拉力时，延伸率的算术平均值作为卷材纵向或横向的延伸率。

试验12　基于实际工程的混凝土配合比设计试验
（设计性）

12.1　试验目的

了解普通混凝土设计的全过程，培养学生综合设计能力，熟悉混凝土拌和物和易性和混凝土强度的检验方法。根据提供的工程条件和材料，依据《普通混凝土配合比设计规程》设计出符合工程要求的普通混凝土。

12.2　工程条件

某工程的预制钢筋混凝土梁（不受风雪影响）。混凝土设计强度等级为C25，要求强度保证率为95%。坍落度为30～50 mm（施工混凝土由机械搅拌，机械振捣）。该施工单位无历史统计资料。所有材料自选。

12.3　本试验采用的标准及规范

1. JGJ/T 55—2000《普通混凝土配合比设计规程》。
2. GB 50164—92《混凝土质量控制标准》。
3. GB/T 50080—2002《普通混凝土拌和物性能试验方法标准》。
4. GBJ 107—87《混凝土强度检验评定标准》。
5. GB 50204—2002《混凝土结构工程施工质量验收规范》。

12.4　试验要求

1. 估算初步配合比。
2. 根据和易性和强度进行试验调整，确定试验室配合比。
3. 换算成施工配合比。

参考书目

1.《水泥取样方法》GB/T 12573－2008

2.《水泥细度检验方法（筛析法）》GB/T 1345－2005

3.《水泥比表面积测定方法（勃氏法）》GB/T 8074－2008

4.《水泥标准稠度用水量、凝结时间、安定性检测方法》GB/T 1346－2011

5.《水泥胶砂强度检验方法》GB/T 17671－1999

6.《通用硅酸盐水泥》GB/T 175－2007

7.《建设用砂》GB/T 14684－2011

8.《建设用卵石、碎石》GB/T 14685－2011

9.《普通混凝土配合比设计规程》JGJ 55－2011

10.《混凝土质量控制标准》GB 50164－1992

11.《普通混凝土拌和物性能试验方法标准》GB/T 50080－2002

12.《普通混凝土力学性能试验方法标准》GB/T 50081－2002

13.《混凝土强度检验评定标准》GB/T 50107－2010

14.《普通混凝土长期性能和耐久性能试验方法标准》GB/T 50082－2009

15.《金属材料 洛氏硬度试验》GB/T 230. 1－2009

16.《金属材料 布氏硬度试验》GB/T 231. 1－2009

17.《金属材料 室温拉伸试验方法》GB 228－2002

18.《金属弯曲试验方法》GB/T 232－2010

19.《钢筋焊接接头试验方法标准》JGJ/T27－2014

20.《钢筋焊接及验收规范》JGJ18－2012

21.《砌筑砂浆配合比设计规程》JGJ/T 98－2010

22.《建筑砂浆基本性能试验方法标准》JGJ/T 70－2009

23.《烧结普通砖》GB 5101－2003

24.《砌墙砖试验方法》GB/T 2542－2012

25.《沥青针入度测定法》GB/T 4509－2010

26.《沥青延度测定法》GB/T 4508－2010

27.《沥青软化点测定法（环球法）》GB/T 4507－2014

28.《公路工程沥青及沥青混合料试验规程》JTG E20－2011

29.《沥青路面施工及验收规范》GB50092－1996

30.《公路沥青路面施工技术规范》JTGF40－2004
31.《聚氯乙烯防水卷材》GB12952－2003
32.《氯化聚乙烯防水卷材》GB12953－2003
33.《塑性体改性沥青防水卷材》GB18243－2008
34.《弹性体改性沥青防水卷材》GB18242－2008
35.《高分子防水卷材第一部分：片材》GB18173．1－2006
36.《沥青防水卷材试验方法》GB328．1－2007～GB328．27－2007

图书在版编目(CIP)数据

土木工程材料试验指导 / 刘湘晖，胡朝晖，许福主编 —湘潭：湘潭大学出版社，2016.7

ISBN 978-7-81128-967-1

Ⅰ. ①土… Ⅱ. ①刘… ②胡… ③许… Ⅲ. ①土木工程—建筑材料—材料试验 Ⅳ. ①TU502

中国版本图书馆 CIP 数据核字(2016)第 160410 号

TUMU GONGCHENG CAILIAO SHIYAN ZHIDAO

土木工程材料试验指导

刘湘晖 胡朝晖 许福 主编

责任编辑：王亚兰
装帧设计：曾天怡
出版发行：湘潭大学出版社
社　　址：湖南省湘潭市 湘潭大学出版大楼
电话(传真)：0731-58298966　邮编：411105
网　　址：http://press.xtu.edu.cn
印　　刷：长沙鸿和印务有限公司
经　　销：湖南省新华书店
开　　本：787×1092　1/16
印　　张：9
字　　数：213 千字
版　　次：2016 年 7 月第 1 版
印　　次：2016 年 7 月第 1 次印刷
书　　号：ISBN 978-7-81128-967-1
定　　价：19.80 元